Na Ubook você tem acesso a este e outros milhares de títulos para ler e ouvir. Ilimitados!

Audiobooks Podcasts Músicas Ebooks Notícias Revistas Séries & Docs

Junto com este livro, você ganhou **30 dias grátis** para experimentar a maior plataforma de audiotainment da América Latina.

Use o QR Code

OU

1. Acesse **ubook.com** e clique em Planos no menu superior.
2. Insira o código **GOUBOOK** no campo Voucher Promocional.
3. Conclua sua assinatura.

ubookapp

ubookapp

ubookapp

Paixão por contar histórias

Rhymer Rigby

28 EMPRESÁRIOS QUE MUDARAM O MUNDO

OS GURUS DA GESTÃO E NOVAS FORMAS DE PENSAR O NEGÓCIO

TRADUÇÃO
UBK Publishing House

© 2011, Rhymer Rigby
Copyright da tradução © 2020, Ubook Editora S.A.

Publicado mediante acordo com Kogan Page. Edição original do livro *28 Business Tthinkers Who Changed The World: The Management Gurus And mavericks Who Changed The Way We Think About Business*, publicada por Kogan Page.

Todos os direitos reservados. Nenhuma parte deste livro pode ser utilizada ou reproduzida sob quaisquer meios existentes sem autorização por escrito dos editores.

COPIDESQUE	Lara Freitas
REVISÃO	Nicole Cristo e Mariá Moritz
CAPA E PROJETO GRÁFICO	Bruno Santos
IMAGEM DE CAPA	Steve Jobs – Anton_Ivanov / Shutterstock
	Larry Page – JStone / Shutterstock
	Jeff Bezos – Lev Radin / Shutterstock.com
	Bill Gates – Frederic Legrand – COMEO / Shutterstock
	Zuckerberg – Frederic Legrand – COMEO / Shutterstock.com
	Oprah – DFree / Shutterstock.com
DIAGRAMAÇÃO	Abreu's System

Dados Internacionais de Catalogação na Publicação (CIP)
(Câmara Brasileira do Livro, SP, Brasil)

Rigby, Rhymer
  28 empresários que mudaram o mundo: os gurus da gestão e novas formas de pensar o negócio / Rhymer Rigby; tradução UBK Publishing House. – Rio de Janeiro: Ubook Editora, 2020.

Título original: 28 Business Thinkers Who Changed The World : The Management Gurus And Mavericks Who Changed The Way We Think About Business Bibliografia
ISBN 978-65-86032-23-9

1. Administração 2. Empresários – Biografia 3. Negócios

I. Título.

20-34513   CDD-338.092

Índices para catálogo sistemático:
1. Empresários : Vida e obra   338.092

Cibele Maria Dias – Bibliotecária – CRB-8/9427

Ubook Editora S.A
Av. das Américas, 500, Bloco 12, Salas 303/304,
Barra da Tijuca, Rio de Janeiro/RJ.
Cep.: 22.640-100
Tel.: (21) 3570-8150

Sumário

Introdução 7

1   Steve Jobs 15
2   Richard Branson 23
3   Warren Buffett 29
4   Jeff Bezos 37
5   Sergey Brin e Larry Page – A dupla da Google 45
6   Sir Tim Berners-Lee 55
7   Anita Roddick 61
8   Ray Kroc 69
9   Rupert Murdoch 77
10 Peter Drucker 85
11 Ingvar Kamprad 93
12 Oprah 101
13 Sam Walton 109
14 Mary Kay Ash 119
15 Bill Gates 127
16 David Olgivy 135
17 Meg Whitman 143
18 Mark Zuckerberg 151
19 Howard Schultz 155

20 Jack Welch 165
21 Michael Dell 173
22 Tom Peters! 179
23 Ricardo Semler 189
24 Herb Kelleher 197
25 Andy Grove 205
26 Roman Abramovich 213
27 George Soros 219
28 Akio Morita 225

Fontes gerais 231

Introdução

O QUE CARACTERIZA UM GRANDE PENSADOR DOS NEGÓCIOS?

Uma descrição de Rupert Murdoch pode ser uma boa primeira resposta para isso: "a capacidade de, consistentemente, ver o que está por vir". Mas, na verdade, quanto mais você procura, mais percebe que definir o que caracteriza um verdadeiro inovador é quase impossível. Em muitos casos, você pode resumir com bastante precisão, em uma frase ou duas, o que essas pessoas realizaram. Ingvar Kamprad: trouxe estilo às massas. Warren Buffett: investiu no que entendia e acreditava. Anita Roddick: negócios para mudanças sociais. Howard Schultz: café como uma declaração de estilo de vida. E assim por diante. Mas isso não ajuda muito.

Podem, talvez, terem feito algo surpreendentemente original ou extremamente óbvio, quando visto em retrospectiva. Em certos momentos, esse é o caso. Por exemplo, o ponto que diferenciava Mary Kay Ash era que seu negócio oferecia às mulheres as oportunidades negadas a elas em outros lugares. Às vezes as pessoas encontram uma nova maneira de fazer o que já existe. O Google certamente não foi a primeira ferramenta de busca, mas foi muito, muito melhor do que aquelas que vieram antes dele. Porém, outras vezes, as pessoas não são realmente originais. Ray Kroc não inventou o conceito original do McDonald's, e essa não foi a sua primeira cadeia de restaurantes. Além disso, como sugerem as comparações regulares com Hearst, Rupert Murdoch dificilmente é o primeiro magnata a enxergar as possibilidades de poder na propriedade da mídia.

O que você acaba percebendo é que, embora consiga reunir uma lista de atributos que podem fazer um empresário ir do sucesso diário ao tipo de sucesso que muda um setor – e, às vezes, até mesmo o mundo –, não há nenhuma fórmula mágica de ingredientes. Em uma resenha de um livro divertido e mordaz publicado em 1987, P. J. O'Rourke escreveu: "Eles são entediantes jovens da área de administração dos Estados Unidos. E todos eles têm, debaixo do braço, uma cópia de *Iacocca: uma biografia*... O segredo está lá dentro. E esses jovens sabem disso. Se conseguirem ler com atenção suficiente, vão decifrar o código". O'Rourke não escondia o seu desprezo por Iacocca, descrevendo-o, em seguida, como "um trapaceiro vaidoso de fala-barata". Mas também fez uma observação mais séria – e que é tão óbvia a ponto de ser frequentemente ignorada: na maioria das vezes, o segredo do sucesso de alguém é que não há segredo. Ou melhor, ele é tão óbvio que não é realmente um segredo.

Naturalmente, qualquer lista como essa será, até certo ponto, arbitrária. É como uma lista dos cem melhores filmes, canções ou livros. Fora de uma espécie de entendimento universal, pode-se sempre argumentar que X deveria ter sido deixado de fora e Y deveria ter sido incluído – e haverá pessoas que são casos marginais. Aqui o critério tem sido simplesmente que, de uma forma ou de outra, **essas são pessoas inovadoras que tiveram um efeito significativo e duradouro no mundo dos negócios – e, às vezes, até mesmo no mundo como um todo.**

Isso gera um universo bastante amplo e, até mesmo, levou à inclusão de um homem que era mais acadêmico do que qualquer outra coisa, Tim Berners-Lee. Dito isso, como ele era o homem por trás da rede mundial de computadores, não é difícil argumentar que mudou o cenário dos negócios – para praticamente todos no mundo. Claro que há um limite para esse tipo de raciocínio. Torne os critérios amplos demais e você tem que começar a incluir políticos, artistas e assim por diante. Mas Berners-Lee permanece porque mudou diretamente o mundo dos negócios. Esse tipo de raciocínio é verdadeiro, em menor medida, para pessoas como Anita Roddick. Há indivíduos que construíram impérios de negócios muito maiores, mas não preenchem os requisitos, mas ela foi a primeira a fundir negócios e preocupações éticas de uma maneira que apelou para o *mainstream* – e ao fazê-lo, impactou o mundo numa proporção além de todo o tamanho do seu negócio.

A lista também tem um forte viés estadunidense, mas isso não deve surpreender ninguém. O século XX – em que o mundo empresarial moderno foi construído – foi em grande parte um século estadunidense. E a maioria das mudanças sísmicas do mundo dos negócios, da automação à terceirização, passando pela revolução pontocom e pela crise financeira, teve sua gênese na América. Por quase cem anos, a maior concentração de riqueza e talento empreendedor que o mundo já viu foi a estadunidense. Se este livro tivesse sido publicado em 1911, provavelmente teria sido dominado por britânicos; e, se fosse publicado daqui a cem anos, os empresários indianos e chineses poderiam muito bem dominar a lista.

Há outra razão também. É talvez a natureza do capitalismo anglo-saxão que o leva a produzir tantas pessoas influentes. O capitalismo praticado nos Estados Unidos tem dois atributos notáveis que o distinguem. Em primeiro lugar, é guiado pela ideia "o vencedor ganha tudo". Isso tende a produzir figuras heroicas altamente visíveis, que são veneradas sobretudo porque representam, em maior ou menor grau, o sonho capitalista americano. Lugares como a Europa e o Japão têm empresários extremamente influentes, mas essas pessoas tendem a ser muito menos importantes e existe uma cultura colegial muito mais consensual (a Grã-Bretanha, como sempre, situando-se no meio do caminho). O capitalismo dos EUA é extraordinariamente perturbador, especialmente quando comparado a um lugar como o Japão. Velhos paradigmas morrem rapidamente, e novos paradigmas sobem para ocupar o seu lugar. Mais uma vez, isso tende a produzir figuras heroicas. Esses fatores são tanto pontos fortes como fracos, mas o capitalismo praticado dessa forma tende a criar figuras mais emblemáticas do que as outras variantes desse sistema.

Se é difícil selecionar os inovadores pelas suas ações, então o que acontece se tentarem determinar seus atributos? Por exemplo, pode-se imaginar que para ser um grande pensador de negócios, você precisa ser extraordinariamente inteligente. E não há dúvida de que alguns deles são – especialmente aqueles em indústrias de inteligência. A dupla da Google, Bill Gates e Steve Jobs é, sem dúvida, extremamente brilhante. No entanto, ser inteligente não é um pré-requisito. O velho clichê de que muitos dos negócios não são nenhum bicho de sete cabeças é mais do que um pouco verdade. Em muitas indústrias, há indivíduos extremamente bem-sucedidos que provavelmente têm uma pontuação muito alta em termos de "inteligência emocional", mas não são especialmente notáveis em termos de inteligência acadêmica. Como diz sir Martin Sorrell, "Fazer negócio não é como fazer uma cirurgia cerebral, não é mesmo?" (RIGBY, 2004).

Também é assim com seus backgrounds. É tentador pensar que os Rockefellers de nossa era cresceram sem berços dourados ou conseguiram fugir da pobreza extrema. Às vezes, é verdade. Oprah Winfrey cresceu em condições muito difíceis no sudeste do país, e há pessoas nesta lista que, como diz o ditado, "nasceram com a bunda virada para a lua". Mas também há muitos antecedentes de classe média no ranking. Grandes pensadores de negócios são atraídos por todos os estilos de vida. Robert Peston (2009), da BBC, falou sobre a "ferida do empresário", o que sugere que uma infância terrível, da qual se foge constantemente, pode ser a chave para o sucesso. Mais uma vez, há alguma verdade nisso. Os ambiciosos aventureiros não são necessariamente felizes ou motivados pelo que poderia ser descrito como ambição saudável, e suas vitórias podem muito bem ser à custa dos outros. "As pessoas que são muito bem-sucedidas estão, muitas vezes, ligeira ou enormemente traumatizadas", diz o antigo chefe do conglomerado de mídia britânico

Granada, Gerry Robinson (RIGBY, 2004). "Algo nessa motivação tem caráter negativo. Pode ser estar à procura de algo que não existe. Pode ser o medo do fracasso. Quero dizer, olhe para alguém como o Murdoch, por que raios ele faz isso? Outro acordo judiciário vai fazer alguma diferença? Tem que haver alguma aprendizagem na vida."

Mas você pode ser um divisor de águas e ser bem equilibrado. Para cada Sam Walton, há pessoas que alcançaram um enorme sucesso e que parecem estar genuinamente felizes. Richard Branson está sempre passando para a próxima etapa, mas sua motivação parece estar ligada a uma espécie de alegria permanente – e outros que variam desde Buffett até a dupla da Google parecem muito felizes com o que têm. Nem é preciso tratar mal as pessoas. Certamente há aqueles como o Zuckerberg, do Facebook, que parecem deixar um rastro de pessoas lesadas por onde passam, mas o que dizer de Tim Berners-Lee e Anita Roddick? Eles foram amplamente considerados indivíduos simpáticos, bem equilibrados e satisfeitos com suas vidas. Mesmo Bill Gates, com todos os seus detratores, decidiu se tornar o maior filantropo da história.

Talvez a coisa mais surpreendente em nosso mundo centrado na juventude seja a suposição de que a grandeza sempre parece jovem. Não é verdade. Ray Kroc, o homem por trás do McDonald's, estava na casa dos cinquenta anos, no crepúsculo de sua carreira, quando sua grande oportunidade apareceu. Mary Kay Ash, quando questionada como se tornou tão bem-sucedida rapidamente, disse: "A resposta é que eu estava na meia-idade, tinha varizes e não tinha tempo para brincadeiras". E, mesmo antes da sua carreira decolar, David Ogilvy escreveu um memorando que começava da seguinte forma: "Será que alguma agência contratará este homem? Ele tem 38 anos, e está desempregado..."

No entanto, uma coisa que todos eles parecem ter é ambição e dinamismo, por vezes a um nível extraordinário. Um exemplo muito claro disso é Ray Kroc. Não foi Kroc quem teve a ideia original para o restaurante, quem começou a empresa, ou mesmo quem aplicou o modelo Henry Ford ao negócio dos restaurantes fast food. Mas o que Kroc tinha era uma ambição e uma visão que os irmãos McDonald (fundadores do negócio) não tinham. E foi isso, não um nome atraente ou um sistema inteligente, que transformou um punhado de restaurantes na Califórnia em uma das marcas mais reconhecidas do mundo. Esse tipo de foco de pensamento único, diz o ex-CEO da M&S, sir Richard Greenbury, não pode ser fabricado: "Ou você tem ou não tem. Faz parte do caráter de uma pessoa." Há talvez um outro fator que todos partilham, e é um apetite pelo risco. A maioria das pessoas que mudam o jogo – e especialmente as altamente empreendedoras – gostam de correr riscos de uma forma que as outras pessoas simplesmente não gostam.

Embora essas coisas possam ser condições necessárias, não são condições únicas. Em termos de fatores externos, há o tempo, o clima dos negócios, estar no lugar certo na hora certa e vários outros. Quem você é, suas habilidades interpessoais e suas habilidades políticas certamente o ajudarão, e é pouco provável que uma certa impiedade lhe faça algum dano. Uma mentalidade contrária não dói, e assim por diante. E depois há outro grande fator. Como Gerry Robinson me disse uma vez: "Você precisa de sorte. Todo mundo precisa de um pouco de sorte."

Isso é, muitas vezes, bastante subestimado – não só porque, pode-se suspeitar, a área de administração gosta de pensar em si mesma como uma ciência real. Mas um pouco de sorte é crucial. Warren Buffett observou memoravelmente que, se tivesse nascido no Peru ou em Bangladesh, provavelmente teria sido um agricultor de subsistência. Mas mesmo aqueles que vêm de origens confortáveis geralmente apostam na indústria certa, no momento certo, em algum lugar ao longo da linha. Além disso, você também faz a sua própria sorte. Robinson acrescenta: "A maioria das pessoas que vão muito bem, simplesmente iriam muito bem no que quer que seja que estivessem fazendo." Na verdade, suspeita-se que, apesar da modéstia de Buffett, se ele se encontrasse cultivando no Peru ou em Bangladesh, isso não duraria muito tempo.

Então estamos dizendo que você não pode aprender com essas pessoas? De modo algum. A história dos negócios ilumina o presente e o caminho a se seguir. As histórias de muitas dessas pessoas estão ligadas à história do século XX: tanto Grove quanto Soros escaparam do Holocausto e criaram uma nova vida nos Estados Unidos. Além disso, como as grandes empresas têm tido um impacto cada vez maior na vida das pessoas comuns, é interessante observar como seus principais expoentes refletiram o mundo em mudança e, muitas vezes, impulsionaram essa transformação.

Em um nível prático, grandes pensadores de negócios têm muito a nos ensinar. Aqueles que querem ser mais inovadores podem fazer muito além do que imitar certos aspectos do comportamento da dupla da Google. Aqueles que querem aprender sobre *branding* e publicidade não têm melhor modelo do que Richard Branson. E quem quiser montar um negócio socialmente responsável deve começar a ler sobre Anita Roddick. Mas o que você não vai aprender é como *ser* uma dessas pessoas. Inclusive, esse é certamente o motivo pelo qual alunos de MBAs tendem a ser muito bem-sucedidos, mas não inovadores. Você pode ensinar muito às pessoas, mas o que você não pode ensinar a elas é como ser alguém diferente de quem já são.

Então, é isto: trabalho árduo, riscos, ter as circunstâncias certas, um pouco de sorte e talvez alguns outros itens do armário de ingredientes do empresário. Esse é o segredo, e é tudo o que há a dizer. Se você os tem, provavelmente já sabe disso – ou apenas os tem, impensadamente. E, se não tem, bem, provavelmente não devia se queixar. Provavelmente você é apenas uma pessoa equilibrada que tem sucesso por qualquer medida normal.

REFERÊNCIAS E LEITURAS ADICIONAIS

O'ROURKE, Patrick Jake. "The deep thoughts of Lee Iacocca" (resenha), *Give war a chance*, p 145-50, 1987.
PESTON, Robert.*The Entrepreneur's Wound*, BBC Radio 4, 30 out. 2009.
RIGBY, "Rhymer Naked ambition and how to get it". In: *Management Today*, 2004. Disponível em: http://www.managementtoday.co.uk/news/450123/ Naked-ambition.

1
Steve Jobs

Se você tivesse de escolher um único indivíduo que personificasse o Vale do Silício, teria uma lista de concorrentes que provavelmente incluiriam Bill Hewlett e David Packard, Bill Gates (mesmo que a Microsoft não esteja no Vale), Andy Grove e a dupla da Google. Mas, para um monte de pessoas, a escolha seria fácil – elas votariam em Steve Jobs. Por um lado, ele é o epítome do nerd legal, misturando, sem esforço, um amor e uma compreensão da tecnologia com uma visão de mundo ligeiramente alternativa, fora do padrão. E por outro, ele é claramente um homem de negócios incrível. A Apple, da qual é cofundador, presidente e CEO, tem uma compreensão intuitiva de design e interface de usuário que é indiscutivelmente a melhor de todas as empresas do mundo.

Na verdade, a Apple, que Jobs personifica, não é tanto uma empresa, mas um fenômeno cultural. Os seus lançamentos de produtos são "eventos", os seus consumidores têm uma devoção que, por vezes, beira a mania religiosa e que divide a opinião de forma acentuada. Qualquer pessoa com um interesse em design, ou apenas no mundo moderno dos consumidores, deve ter um interesse na Apple. E, para muitos, Apple é Jobs e Jobs é Apple.

Jobs nasceu em 1955; sua mãe biológica era solteira, e ele foi entregue para adoção. O casal que o adotou foram Paul e Clara Jobs, que viviam em Mountain View, Califórnia. Durante a sua infância e adolescência, São Francisco, ali perto, era a capital da contracultura. Mas, embora o norte da Califórnia possa ter sido a capital hippie do mundo, também havia outra revolução acontecendo por perto. A partir da década de 1950, a pesquisa na Universidade de Stanford estava transformando o Vale do Silício (termo cunhado em 1971) em um centro global de alta tecnologia. Ambas as revoluções do século xx da Califórnia do Norte deixaram as suas marcas em Jobs. Ele é o liberal por excelência da Costa Oeste – alternativo em suas opiniões e, aliás, na forma como dirige a sua empresa. No entanto, é também um dos empresários mais influentes do final do século xx – e quando se trata de eletrônicos top de linha de consumo, não há igual.

Depois de terminar o ensino médio em Cupertino, Califórnia, Jobs passou a estudar ciências – bem como literatura e poesia – na Reed College, em Portland, Oregon. Ele durou apenas um período e voltou para sua cidade natal, onde encontrou emprego como técnico na Atari. Já na persona nerd, ele também se juntou ao lendário Homebrew Computer Club, onde conheceu Steve Wozniak. Seguiu-se uma viagem à Índia para a iluminação espiritual, depois da qual regressou à Atari. Em 1976, Jobs e Wozniak, juntamente com Ronald Wayne (que agora é uma nota de rodapé esquecida e bastante melancólica na história do Vale), cofundaram a Apple na garagem da família Jobs. O Apple I foi lançado em 1977, sem teclado, gabinete ou monitor; o preço foi de US$666,66, ou um pouco menos de US$2.500 atualizados em 2010, e foi um sucesso imediato.

O arranque foi rápido. Em 1977, a empresa introduziu o Apple II e, em 1979, o Apple II+. Em 1980, a empresa tornou-se pública, fazendo com que o valor de Jobs fosse a 165 milhões de dólares. Mas foi uma visita à Xerox, em 1979, que realmente colocou a Apple no seu caminho atual. Jobs tinha comprado ações da empresa e foi conhecer o Xerox

Alto, o primeiro computador com uma GUI – a interface gráfica de usuário que praticamente todo desktop ou laptop usa hoje. A Apple já estava trabalhando em uma GUI, mas o que Jobs viu na Xerox o estimulou e, em 1983, lançou o Apple Lisa. A política interna estava se tornando um fator, e Jobs tinha sido empurrado para fora do projeto Lisa. Isso não foi uma coisa ruim, porque o Lisa foi um fracasso comercial e levou Jobs a se juntar ao projeto Macintosh. Em 1984, o Apple Mac foi lançado com grande estrondo com o famoso anúncio da empresa, nomeado "1984".

Embora Jobs e Apple sejam considerados praticamente indivisíveis, muitas pessoas esquecem que ele não durou muito tempo após o lançamento do Mac, e os caminhos dos dois se separaram por mais de uma década. Em 1985, Jobs foi expulso da Apple após uma luta de poder com o CEO, John Sculley. As razões por trás disso foram talvez pouco surpreendentes: Jobs era brilhante e inspirador, mas podia ser temperamental e caprichoso, e a empresa estava se tornando mais burocrática e corporativa à medida que crescia.

Então ele saiu para fundar a NeXT, uma empresa de computadores que mal é lembrada fora dos círculos geek. Para ser justo, seu produto, o NeXTcube, parecia bonito e era tecnologicamente avançado – talvez, de alguma forma, avançado demais. Mas o principal problema era o preço, 6.500 dólares. Como resultado disso, as vendas do Cube foram decepcionantes. Entretanto, Jobs também tinha os olhos direcionados para outro lugar. Em 1986, comprou a Pixar, de George Lucas, por dez milhões de dólares. Em 1995, a Pixar lançou *Toy Story*, e então veio a sua oferta pública inicial – a aposta de Jobs valia 585 milhões de dólares. Mas era difícil escapar da sensação de que Apple e Jobs eram como uma grande banda de rock, cujo líder difícil, mas brilhante, tinha saído para perseguir projetos solo. Eram muito bons separados, mas não chegavam perto do que eram juntos.

A Apple fez tudo certo até meados da década de 1990, quando o preço de suas ações começou a cair drasticamente. Em 1996, Jobs vendeu a NeXT para a Apple por 430 milhões de dólares, que ele levou em ações. A empresa teve um prejuízo de 816 milhões de dólares nesse ano. Em 1997, muitos previam a sua morte – uma matéria da *Newsweek* de julho era típica da visão de muitos. A manchete dizia: "Uma espiral da morte: após anos de declínio, a Apple precisa de uma estratégia – e de um salvador". Aquele salvador foi o brilhante e difícil cofundador da empresa.

Jobs retornou à Apple e colocou as pessoas da NeXT em posições--chave. E embora a NeXT, em termos comerciais, fosse um bocado anticlimática, sua influência na Apple – e no mundo da computação como um todo – foi significativa. Primeiramente, ela representou um grande avanço em termos de interfaces gráficas. E em segundo lugar, na NeXT, Jobs tinha criado uma cultura que ele sentiu que era a resposta para a burocracia sufocante. Pouco depois, Jobs se tornou CEO interino; dois anos mais tarde, a posição foi tornada permanente.

Com Jobs de volta ao leme, a empresa se tornou focada e rentável novamente. Ele abandonou uma série de projetos como o Newton Handheld e concentrou-se no iMac. Também iniciou o processo de diversificação, que transformou o negócio em uma empresa de eletrônicos de consumo tanto quanto uma vendedora de computadores. Em 2001, foi lançado o leitor de música iPod, que dominou a categoria, e, em 2007, o iPhone fez a sua estreia – o mesmo aconteceu com os celulares. Ambos agora vendem confortavelmente mais do que os computadores da empresa. Em 2010, a empresa lançou o tablet iPad. Muitos estavam incertos sobre ele (especialmente porque os tablets têm uma história tão contrastada), mas suas vendas impressionantes sugeriam que os clientes fiéis da Apple não estavam entre eles. Certamente, a ideia frequentemente repetida de que Steve Jobs sabe o que você quer antes mesmo que você queira parece ser verdadeira.

Muitos disseram que isso tudo foi bom, mas, enquanto o iPod e o iPhone substituíram todos os que vieram antes de si, esses dispositivos fizeram pouco para impulsionar a venda de Macs. Além disso, enquanto a empresa tinha de quatro a oito por cento do mercado de sistemas operacionais, a Microsoft nunca teve menos de noventa por cento, e o Mac teve poucos ganhos fora dos seus pontos fortes tradicionais das indústrias criativas e usuários domésticos conscientes da imagem. Mas

Jobs pode estar um passo à frente novamente. Cada vez mais as pessoas acessam seus telefones a partir de uma ampla variedade de dispositivos, então talvez a transição de uma empresa de computadores para uma empresa de estilo de vida digital seja um movimento inteligente a longo prazo.

Os mercados parecem estar de acordo. Talvez por causa da imagem de boutique que seus produtos têm e da pose antiestabelecimento que ela assume, muitas pessoas tendem a esquecer o quão grande a Apple se tornou. Em abril de 2010, foi a segunda colocada no S&P 500[1], ultrapassada apenas pela Exxon Mobil (e à frente da arquirrival Microsoft). Se compararmos sua performance de ações de cinco anos com o desempenho de seus principais rivais, a Apple é a estrela. Na verdade, apesar de todas as suas posturas alternativas, a Apple é uma empresa muito bem-sucedida e muito grande.

Você encontra esse tipo de contradição em toda a empresa também, e poderia argumentar que elas são fundamentais para a Apple e para o homem que a incorporava. A empresa se retrata como uma forasteira, quando comanda mais de setenta por cento do mercado de MP3 players e cerca de cinquenta por cento do mercado de telefonia móvel. Ela transmite abertura, mas o domínio que tem sobre seus produtos é muito mais forte do que qualquer coisa que a Microsoft possua (com a Apple, você compra tanto o hardware quanto o sistema operacional). A empresa de alguma forma carrega um ar de valores hippies sobre seus produtos, mas, se você quiser um computador sem personalidade, deve comprar um Dell, não um Mac. E, embora Jobs tenha dito que "a inovação é o que distingue os líderes dos seguidores", a Apple não é a criadora de nenhum de seus produtos. Começando com a Xerox Alto e passando pelo iPod e o iPhone, outra pessoa sempre idealizou o produto antes. Na verdade, se você tivesse de resumir a estratégia da empresa, seria "o brilhante segundo lugar" em vez de inovador genuíno.

---

[1] Abreviação de Standard & Poor's 500. É o índice de quinhentos ativos da NASDAQ baseado em valor de mercado.

Para que isso não pareça uma crítica, e realmente não o é; o título do livro de 2004 *Fast second: how smart companies bypass radical inovation to enter and dominate new markets* (em tradução livre, "O segundo mais rápido: como empresas inteligentes evitam a inovação radical para entrar e dominar novos mercados"), de Paul Geroski e Constantinos C. Markides, diz tudo. Aqueles que mergulham primeiro, muitas vezes, não conseguem colher totalmente os frutos do novo mercado em que entraram. É melhor ficar em segundo lugar enquanto se aprende com os erros da concorrência. O primeiro leitor de MP3, para os leitores curiosos, foi o MPMan F10, fabricado pela SaeHan Information Systems, da Coreia. Lançado em 1998, três anos antes do iPod, e outros o seguiram. Mas as suas interfaces difíceis e naturezas complicadas significavam que eram apenas para nerds. O iPod, por outro lado, era fácil de utilizar e foi por isso que passou a dominar o mercado. Seis anos depois, o iPhone repetiu o truque, embora em um mercado muito mais maduro. Ele era funcional, bonito e fácil de usar.

O aspecto genial da Apple está na interface de usuário, não nas porcas e nos parafusos. Jobs sabe que as pessoas querem coisas bonitas e fáceis de usar. A maioria das pessoas não se preocupa com a abertura (como no iPhone) ou números de desempenho brutos (como nos processadores do Mac), ou mesmo com a qualidade de som (o iPod provavelmente não é a escolha de um nerd da música). Eles se preocupam com a aparência e a sensação das coisas – e a aparência e a sensação brilhantes da Apple conquistaram não apenas legiões de clientes fiéis, mas legiões de clientes fiéis que pagarão um preço significativo pelo produto. Esses são tipificados pelo estereótipo do *fanboy* da Apple, um devoto servil da empresa e de seus produtos, que é melhor resumido por uma entrevista falsa no site satírico The Onion, no qual um *fanboy* diz "Eu compro praticamente qualquer coisa se for brilhante e feita pela Apple".

No entanto, apesar de uma longa série de sucessos, há algumas nuvens de tempestade no universo de Jobs. As vendas de iPods se estabilizaram, e os telefones Android (que usam o sistema operacional gratuito de código aberto do Google) estão fazendo sérias incursões em um mercado que o iPhone, até recentemente, governou sem contestação. Na verdade, para os observadores técnicos, é interessante ver a mudança dinâmica entre Microsoft-Google-Apple. Há alguns anos, tanto a Google como a Apple eram antiMicrosoft. Mas agora as coisas não estão tão claras.

De longe a maior preocupação para a Apple (desde o seus *fanboys* até a sua equipe de funcionários e acionistas) é a saúde de Jobs. Ele teve problemas graves nos últimos dez anos – primeiro com câncer do pâncreas e depois com um transplante de fígado. Então, a grande pergunta que está sendo feita é: o que acontece com a Apple se Jobs sair? O precedente de meados dos anos 1990 não é bom. Diz-se, muitas vezes, que na Apple só conta a opinião de uma pessoa – a de Steve Jobs. A empresa pode continuar a ser a Apple sem ele?[2]

REFERÊNCIAS E LEITURAS ADICIONAIS

AGUILAR, Quinn. "Do you know Steve Jobs?", *Silicon Valley Curious*, 20 jun. 2010.
APPLE. Disponível em: www.apple.com.
APPLEYARD, Bryan. "Steve Jobs: the man who polished Apple", *Times*, 16 ago. 2009.
BOOTH, Cathy; JACKSON, David, S.; MARCHANT, Valerie. "Steve's job: restart Apple", *Time*, 18 ago. 1997.
CAMPBELL, Duncan. "Profile: Steve Jobs", *Guardian*, 18 jun. 2004.
CNET.COM, "Apple turns 30".
ELKIND, Peter. "The trouble with Steve Jobs", *Fortune*, 5 mar. 2008.
LOHR, Steve. "Creating jobs", *New York Times Magazine*, 12 jan. 1997.
MARKIDES, Constantinos C.; GEROSKI, Paul A. *Fast Second: How Smart Companies Bypass Radical Innovation to Enter and Dominate New Markets*. San Francisco, CA, Jossey-Bass, 2004.
USBORNE, David. "The iPod carrier", *Independent on Sunday*, 4 jan. 2004.
WATERS, Richard; MENN, Joseph. "Silicon Valley visionary who put Apple on top", *Financial Times*, 22 dez. 2010.

---

[2] Steve Jobs morreu devido a um câncer no pâncreas em outubro de 2011. Ele renunciou à sua posição de CEO no mesmo ano, sendo sucedido por Tim Cook.

2
RICHARD BRANSON

Com mais de 360 empresas diferentes no grupo Virgin, interesses que vão desde telefones celulares e internet até trens e bebidas, e um patrimônio líquido de 2,6 bilhões de libras, Richard Branson é, provavelmente, o empresário mais conhecido do Reino Unido. Muito disso deve-se ao seu amor incondicional pela publicidade; às vezes, é difícil dizer se ele é um homem de negócios ou uma celebridade. Mas, seja como for, o famoso empresário britânico barbudo tem estado nas manchetes dos últimos trinta anos. Em 1986, o *Sunday Times* escreveu: "Seja anunciando carros ou cartões de crédito, sentado na banheira brincando com um avião modelo, ou partindo para conquistar o Atlântico... Branson hoje se vende tão assiduamente e imaginativamente quanto suas inúmeras empresas vendem seus discos, filmes, etc." (Brown, 1986).

Pouco mudou nos últimos 25 anos. Aos sessenta anos, Branson ainda é onipresente e é o rosto da marca Virgin. A única diferença é que hoje em dia ele tem mais competição. Quando ele notou pela primeira vez que ser uma celebridade poderia funcionar para um negócio, bem como para estrelas pop e artistas, a maioria dos empresários do Reino Unido eram abotoados e reservados, e a ideia de usar acrobacias e sua própria imagem para vender seus produtos teria parecido não tanto inconveniente, mas simplesmente inimaginável. Agora, em muitos casos, os empresários são nomes conhecidos, e Branson deixou de ser um dissidente para ser alguém que dita o caminho.

Branson nasceu em 1950, perto de Guildford, em Surrey. Seu pai era advogado, uma espécie de tradição familiar, enquanto sua mãe era dançarina e aeromoça na América do Sul. Não foi excelente na escola – a razão para isso, descobriria mais tarde, é que era disléxico – mas era um bom atleta e, com a ajuda de um tutor, entrou em Stowe, uma famosa escola privada. Ele mostrou cedo sua aptidão como empresário quando, aos dezesseis anos de idade, lançou uma revista chamada *Student* enquanto ainda estava na escola (os empreendimentos empresariais fracassados anteriores incluíam tentativas de reproduzir periquitos e cultivar árvores de Natal). Ele dirigiu a revista durante os três anos seguintes, e sua tiragem chegou aos cem mil exemplares.

Em 1969, Branson publicou um anúncio em sua revista para descontos em discos encomendados por correio. A indústria discográfica na época era uma espécie de grupo fechado onde as gravadoras e as lojas conspiravam para manter os lucros altos, e a resposta ao anúncio de Branson foi enorme. O único problema era que ele não tinha estoque, mas acabou encontrando uma loja que lhe venderia. Os discos, ele decidiu, eram muito mais lucrativos do que revistas, então fechou a *Student*. Esse foi o início da sua operação de venda de música por correspondência. O nome Virgin, aliás, supostamente vem de um funcionário, pensando que todos eles eram novos nos negócios – não é, como tão popularmente pensam, relacionado às Ilhas Virgens.

Entretanto, a namorada de Branson estava grávida, e a dupla lutou para encontrar ajuda e conselhos. O casal sofreu um aborto, mas, chocado pela falta de apoio, Branson criou o Student Advisory Centre para ajudar os jovens com problemas como gravidez indesejada e uso de drogas. Todas essas atividades deram-lhe um perfil bastante público, e quando tinha vinte anos, em 1971, já tinha causado uma grande impressão e foi objeto de um documentário da BBC, que incluía, entre outras coisas, uma sequência ligeiramente surrealista de Branson caminhando ao longo de um rio, mastigando uma semente de feno e falando sobre a dificuldade que ele e a namorada tiveram em realizar um aborto. Mas ao mesmo tempo, era sobre os seus negócios e um jovem que estava subindo na carreira.

Os primeiros anos de vida da Virgin foram muito difíceis. A empresa tinha sido atingida por enormes cobranças, e a equipe, às vezes, fingia que ninguém estava lá quando os cobradores de dívidas batiam à porta. No final de 1970 – em grande parte por causa de uma greve postal –, Branson decidiu que precisava de instalações físicas e encontrou um espaço em cima de uma sapataria na Tottenham Court Road; abriu sua primeira loja de discos em janeiro de 1971. A sua filosofia permaneceu a mesma – grandes volumes e grandes descontos –, e ele se expandiu rapidamente, principalmente porque achava que a concorrência tentaria esmagá-lo se não o fizesse dessa forma. Nessa altura, ele foi memoravelmente descrito como "um Arthur Daley de escola pública".

Tendo incorrido no desagrado das grandes gravadoras, ele também estava de olho em criar um selo próprio. Agora com muito mais dinheiro, comprou uma casa senhorial perto de Oxford e a transformou num estúdio de gravação; em 1972, fundou a gravadora Virgin. O primeiro contrato da empresa – Mike Oldfield – gravou *Tubular Bells*, que passou a vender cinco milhões de cópias. Depois de um breve mergulho na sua fortuna, o selo assinou com o Sex Pistols em 1977. Nessa época a banda era tão controversa que nenhuma outra gravadora queria saber dela. Foi uma jogada ousada e que pagou dividendos enormes em termos de publicidade. Durante os finais dos anos 1970 e 1980, Branson continuou a expandir, estabelecendo sua nova posição como empresário favorito do Reino Unido. Além disso, à medida que o seu império crescia, aqueles que o tinham rejeitado como um "hippie capitalista" descobriram que precisavam levá-lo mais a sério.

Em 1984, a Virgin lançou a companhia aérea Virgin Atlantic, que é atualmente a segunda maior companhia aérea de longo curso do Reino Unido. No ano seguinte, o empresário disputou o prêmio Blue Riband – a corrida de transatlânticos criada no século XIX –, estabelecendo um novo recorde para atravessar o oceano. O barco, o *Virgin Atlantic Challenger*, afundou, mas a publicidade não fez mal a Branson. Na edição seguinte, bateu o recorde com *Virgin Atlantic Challenger II*. O restante da década de 1980 foi um turbilhão de empreendimentos. A Virgin Records tornou-se internacional. O empresário lançou uma empresa de dirigível e balão, começou uma marca de preservativos, entrou na área de hotelaria e entrou – e saiu – da radiodifusão por satélite. O grande tropeço do grupo nos anos 1980 foi a sua flotação de 1986, que durou apenas dois anos (mas incluiu a Black Monday). Em 1988, Branson levou o grupo de volta à iniciativa privada. Ele estava, como disse, farto dos processos do estado e de sua visão de curto prazo – e, é preciso reconhecer, muitos no setor público disseram que também estavam fartos de Branson.

A década de 1990 viu muito do mesmo: livros, vodca com Coca-Cola, rádio, casamentos, trens, cosméticos, ginásios e celulares chamaram a atenção de Branson. Em 1992, ele precisou vender a Virgin Music à EMI para salvar a sua companhia aérea; o empresário disse que chorou quando a transação se concretizou, pois a Virgin Music foi o seu primeiro negócio. Também tentou ganhar a operação da Loteria Nacional do Reino Unido, prometendo que todos os seus lucros iriam para caridade – mas ele perdeu para o consórcio Camelot. Entretanto, as suas tentativas de bater recordes – e de recolher publicidade – prosseguiram a bom ritmo, deslocando-se do mar para o ar. Em 1991, atravessou o Pacífico num balão, batendo um recorde. E, de 1995 a 1998, tentou várias circum-navegações do mundo em um balão; seu time foi derrotado no prêmio pelo *Breitling Orbiter 3* em 1999. A título de consolação, tornou-se sir Richard Branson na lista de honra do Ano Novo do Milênio.

A década de 2000 foi pouco mais tranquila e, embora Branson estivesse na casa dos cinquenta anos, sua marca registrada da barba e da crina loira ainda estava lá. A Virgin lançou a Virgin Blue, uma companhia aérea australiana de baixo custo; Branson vendeu a Virgin Megastores britânica e irlandesa; lançou a Virgin Fuel, uma empresa para produzir combustível limpo, de acordo com seu crescente interesse em resolver as questões ambientais... e a lista apenas aumentou. No entanto, algumas aventuras se destacam. Primeiro, a Virgin Money, seu grupo de serviços financeiros, esteve muito perto de comprar o problemático banco britânico Northern Rock. Sua segunda manchete de destaque foi a Virgin Galactic, que se dedica a viagens espaciais para turistas – a empresa está atualmente fazendo reservas e leva o empreendimento a sério. Finalmente, em 2007, com Al Gore, ele lançou o prêmio Virgin Earth Challenge para combater o aquecimento global – o vencedor será a primeira pessoa ou grupo a encontrar um meio de retirar um bilhão de toneladas de CO_2 da atmosfera todos os anos durante dez anos.

O que Branson tem feito de melhor de forma consistente é personalizar a marca Virgin. Claro, há uma abundância de outras pessoas que incorporam suas marcas – Steve Jobs, Warren Buffett e a falecida Anita Roddick vêm à mente –, mas Branson é diferente porque em todos esses casos há um tipo de produto principal, sejam eletrônicos de uso pessoal, investimentos ou cosméticos. Com Branson, o produto é secundário. A marca Virgin pode ser colada em qualquer coisa, quer se trate de preservativos, vodca, celulares ou aviões. Às vezes funciona, outras vezes, não. Mas tentar é preciso, e, quando as coisas não funcionam, as pessoas raramente se ressentem com ele.

Mesmo as acrobacias publicitárias – que podem parecer ridículas para alguém menos confortável com sua própria celebridade – acrescentam à marca, porque são inteiramente consistentes com a natureza de Branson. Você provavelmente poderia argumentar que toda a vida dele, às vezes, parece ser uma manobra publicitária – mas isso não o diminui. Provavelmente, é porque ele sempre parece estar se divertindo, seja o que for que estiver fazendo. O jornalista da BBC Robert Peston (2009) referiu-se a algo chamado "a ferida do empresário", ou seja, a infância desagradável ou a experiência traumática que leva muitas pessoas a ter sucesso, mas significa que nunca estão satisfeitas ou felizes. Branson é exatamente o oposto. Ele é hiperativo e motivado, certamente, mas parece fazer o que faz porque genuinamente gosta.

Apesar de todo o amor de Branson pela publicidade, há uma área onde essa figura pública é notoriamente privada. Aqueles que olham para os assuntos financeiros de Branson normalmente tornam-se mais sábios. O livro *Branson*, do célebre jornalista investigativo Tom Bower, pinta um quadro de um homem que, muitas vezes, se arrisca demais, e cujo grupo tem sido frequentemente confrontado com a perspectiva real de insolvência. Uma pergunta que muitos fazem é: quais das empresas de Branson realmente ganham dinheiro (e quais delas são subsidiadas por aquelas que ganham)? Na verdade, as contas da holding da Virgin têm mostrado frequentemente pouco ganho de dinheiro real fora das companhias aéreas. É por essa razão, se presume, que Branson gosta de suas empresas privadas, não porque as empresas abertas sejam pesadas e sem imaginação. Bower pinta Branson como um autopublicitário descarado, um operador afiado e um homem cujo maior talento é separar os banqueiros do seu dinheiro.

As acrobacias intermináveis de Branson também podem ter começado a empalidecer. Em 2008, o *Economist* observou que, hoje em dia, ele passa muito pouco tempo no país onde nasceu: "Os britânicos veem sir Richard, em seus corações, originalmente pela sua imagem rebelde, mas muitos estão cansados da sua autopublicitação. Talvez os americanos aplaudam sua audácia." Pode haver alguma verdade nisso tudo, mas é um pouco cedo para remeter Branson à história. Ele completou sessenta anos em 2010 (mas parece quinze anos mais novo); parece muito improvável que ele vá envelhecer graciosamente.

REFERÊNCIAS E LEITURAS ADICIONAIS

APPLEYARD, Bryan. "Record maker with no flip side", *Times*, 30 out. 1986.
BLACKHURST, Chris. "At the court of King Richard", *Management Today*, 1 abr. 1998.
BOWER, Tom. *Branson*, Londres: Fourth Estate, 2000.
BRANSON, Richard. *Losing My Virginity*, 1998.
BRANSON, Richard. *Business Stripped Bare: Adventures of a Global Entrepreneur*, 2009.
BROWN, Mick. "Profile of Richard Branson", *Sunday Times*, 8 jun. 1986.
MOORE, Martha T. "Rash, brash Branson has Virgin soaring", *USA Today*, 5 jul. 1995.
PESTON, Robert. *The Entrepreneur's Wound*, BBC Radio 4, 30 out. 2009.
SPECTER, Michael. "A modern knight", *Australian Women's Weekly*, 31 ago. 2007.
THE NEW ZEALAND HERALD. "Branson: walking on water, or on thin ice", 3 out. 2008.

3
WARREN BUFFETT

A maioria das assembleias gerais que acontecem anualmente nas empresas é composta por casos monótonos, em que a única emoção é proporcionada pelos acionistas que falam sem parar (embora essas pessoas praticamente não tenham poder de voto, em comparação aos acionistas institucionais que normalmente nem sequer se dão ao trabalho de aparecer). Na Berkshire Hathaway, é bastante diferente. O número de participantes ronda os trinta mil, apesar de o evento acontecer na pequena cidade de Omaha, Nebraska. A assembleia geral da Berkshire Hathaway é o segundo maior evento anual da cidade, depois do Torneio de Basebol da Série Mundial de Universidades.

Muito disso, diz Kelly Broz, diretora da reunião anual da empresa, deve-se ao lendário fundador do negócio: "Os acionistas estão interessados no que Warren e Charlie Munger, o cofundador, têm a dizer sobre as operações da Berkshire e suas filosofias de negócios e visões da economia em geral. Além disso, Warren e Charlie são incrivelmente engraçados juntos. Não é apenas educativo, mas divertido ouvi-los no palco durante a sessão de perguntas e respostas de seis horas".

Warren Buffett é uma figura extraordinária. Ele não se parece tanto com um bilionário, mas sim com um homem comum ou talvez um professor universitário. Ele vive modestamente. É imensamente conciso e citável: pérolas como "É somente quando a maré baixa que você percebe quem estava nadando nu" parecem saltar naturalmente da sua boca. Ele também é extraordinariamente modesto e autodepreciativo e atribuiu grande parte da sua fortuna à sorte: "Se me enfiarem no meio de Bangladesh ou Peru, ou em algum lugar desses, vou descobrir quanto é que esse talento vai produzir no tipo de solo errado". E o mais importante é que ele é o investidor mais bem-sucedido do mundo. Não é exagero dizer que, se não fosse por Buffett, muitas pessoas não teriam ouvido falar do Nebraska.

Como muitas grandes estratégias de investimento, as de Buffett são extraordinariamente simples. Ele só investe em empresas que entende, cuja gestão acredita e que acha que têm boas perspectivas de crescimento a longo prazo. Ele compra ações e empresas que acredita valerem a pena possuir. Essa estratégia simples fez de Buffett o terceiro homem mais rico do mundo – embora valha a pena notar que ele já foi o mais rico e o segundo lugar. Ele é bem conhecido como um antagonista – Buffett é frequentemente visto indo na direção oposta às pessoas que estão ganhando enormes quantias de dinheiro seguindo a sabedoria convencional. Buffett não participou do *boom* das pontocom e evitou semelhantes momentos nos anos 2000. Mas, como esses dois exemplos mostram, embora ele, às vezes, esteja errado a curto prazo, geralmente se mostra certo a médio e longo prazo. Por essas razões, ele é, muitas vezes, chamado de "Sábio de Omaha" ou "Oráculo de Omaha".

Buffett nasceu em 1930, filho de um congressista e corretor republicano. Como muitos empresários de sucesso, mostrou aptidão desde cedo. Aos seis anos, estava dividindo engradados de Coca-Cola e os revendendo com um lucro de vinte por cento. Aos onze anos, comprou as suas primeiras ações por 38 dólares cada. Elas caíram prontamente para 27 dólares, mas se recuperaram, chegando a 40 dólares, quando ele as vendeu. Embora tenha feito um pequeno lucro, se tivesse tido mais tempo teria feito melhor, já que as ações mais tarde chegaram a duzentos dólares, o que é frequentemente citado como uma lição que aprendeu cedo sobre pensar a longo prazo. Ele apresentou o seu primeiro formulário de imposto de renda em 1944. Antes de se formar no ensino médio, havia alugado máquinas de pinball, economizado milhares entregando jornal (dezenas de milhares na correção monetária atual) e comprado quarenta acres de terras agrícolas, que ele alugou para um fazendeiro inquilino.

Após a formatura, Buffett não queria ir para a faculdade, mas a voz de seu pai falou mais alto, e ele foi para a escola de negócios Wharton na Universidade da Pensilvânia, antes de se transferir para a Universidade de Nebraska. Lá, ele leu o livro de Benjamin Graham, *O investidor inteligente*, que aconselhava os investidores a procurarem o que o autor chamava de empresas de bitucas – empresas subvalorizadas que ainda tinham alguma vida em si. Depois de se formar, Buffett foi famosamente rejeitado pela Harvard Business School e passou a estudar em Columbia. Com um mestrado em economia, foi trabalhar para Graham.

Buffett estava começando a desenvolver suas próprias ideias de investimento: em vez de encontrar empresas moribundas das quais pudesse extrair um pouco de valor, ele estava se tornando mais interessado em comprar negócios bem administrados, mas fora de moda. Em 1957, estabeleceu uma parceria de investimento em Nebraska. Ele pretendia vencer o Dow por dez por cento; quando a sociedade foi dissolvida doze anos mais tarde, ele tinha conseguido uma taxa de pouco menos de trinta por cento, enquanto o Dow tinha se valorizado em 7,4 por cento.

Mas foi em 1962 que foram lançadas as bases da instituição que hoje conhecemos. Naquele ano, ele comprou uma empresa têxtil de Massachusetts, chamada Berkshire Hathaway, que era, como Graham diria, uma bituca de cigarro. No entanto, Buffett não queria apenas espremer suas últimas gotas de valor, então começou a redirecionar seus recursos para outras áreas, mais notavelmente a de seguro. Isso lhe deu um fluxo regular de renda de capital barato – e mais importante, a diferença entre receber os pagamentos e liquidar as apólices significava que Buffett tinha uma grande reserva de dinheiro. O melhor de tudo isso é que foi num momento em que as bolsas de valores estavam deprimidas. Era uma combinação perfeita de circunstâncias para um homem que se especializava em ver valor a longo prazo onde os outros não conseguiam.

E essa, essencialmente, tem sido a estratégia de Buffett. O relatório anual e as contas da empresa têm uma boa comparação com o seu desempenho em contraste ao dos 500 da S&P. Entre 1965 e 2009, a Berkshire Hathaway atingiu uma média de 20,3 por cento ao ano, composto; o S&P 500 ganhou 9,3 por cento.

Em termos mais simples, cem dólares investidos no S&P em 1965 valeriam 5.430 dólares; já investidos na Berkshire Hathaway, valeriam 434.057 dólares. Na verdade, a Berkshire Hathaway criou alguns milionários "surpreendentes" em Omaha.

No entanto, Buffett nem sempre foi elogiado. Ele, como se sabe, optou por não participar do *boom* das pontocom – já que as ações de tecnologia borbulhantes não eram nem reservas de longo prazo nem algo que ele entendesse. Em 1999, as ações da Berkshire Hathaway fizeram 0,5 por cento, enquanto a S&P conseguiu 21 por cento e o índice NASDAQ cresceu mais de oitenta por cento. E, como a NASDAQ atingiu alturas vertiginosas e muitas pessoas realmente começaram a acreditar que os preços das ações tinham de alguma forma se tornado permanentemente dissociados de coisas como a capacidade de ganhar dinheiro, Buffett foi alvo de muitas críticas. Posteriormente, em 10 de março de 2000, a bolha estourou e, nos três anos seguintes, a Berkshire Hathaway geriu ganhos globais (perdendo dinheiro apenas em 2001), enquanto o S&P não fez mais do que diminuir. Quanto à NASDAQ, mais de dez anos depois, ela ainda não se recuperou e é hoje cerca de cinquenta por cento do que era em seu pico pontocom. No espaço de um ano, Buffett deixou de ser um dinossauro que não conseguiu acompanhar a nova economia para ser uma das poucas pessoas espertas o suficiente para investir apenas no que entendia. Mais tijolos foram colocados no templo de Buffett, o guru dos investimentos.

O padrão iria se repetir quase uma década depois. Com sua habitual mistura de presciência e folclore, Buffett alertou sobre os perigos do comércio inflacionado em instrumentos financeiros exóticos não muito depois da crise das pontocom. No relatório anual de 2002 da Berkshire Hathaway, ele escreveu: "Vejo os derivados como bombas-relógio, tanto para os partidos que neles negociam como para o sistema econômico", disse que eram "armas financeiras de destruição em massa" e também os comparou ao "inferno... fácil de entrar e quase impossível de sair". Isso, ao que parece, era absolutamente baseado no dinheiro e no estilo característico de Buffett, na linguagem que qualquer um podia compreender. Claro, ele tinha razão. E embora 2008 tenha sido o pior ano de todos os tempos da Berkshire, ela perdeu apenas 9,6 por cento, em comparação aos 37 por cento do S&P.

Além disso, nos dias mais sombrios de 2008, quando a maioria do mundo financeiro estava se perguntando sobre o futuro, Buffett estava indo às compras. No final do ano, ele pegou uma fatia de cinco bilhões de dólares da Goldman Sachs, seguindo outro de seus postulados, "Tenha medo quando os outros são gananciosos; seja ganancioso quando os outros são temerosos". E, no primeiro semestre de 2010, quando as facas estavam realmente apontadas para o banco, Buffett ofereceu um endosso, em alto e bom som, ao seu CEO embargado, Lloyd Blankfein.

Então, há algo de ruim a se dizer sobre ele? Bem, ele cometeu erros – mas, em muitos casos, como o da US Airways na década de 1990, a disposição para se agarrar, por anos, a uma empresa significou frequentemente que as ações acabaram se recuperando. O culto a Buffett, a literatura devocional que ele inspira e seus seguidores de olhos vítreos podem irritar um pouco. Mas é difícil encontrar algo para não se gostar nesse homem admiravelmente honesto e modesto. Ele pratica exatamente o que prega. Ele se paga um salário de cem mil dólares por ano, o que é uma ninharia em um país onde CEOs muito menos bem-sucedidos pagam a si mesmos milhões. Come hambúrgueres e bebe Coca-Cola, dirige um carro velho e mora em uma casa em Omaha que comprou em 1957 por 31.500 dólares, embora tenha uma casa de praia em Laguna Beach no valor de cerca de quarto milhões. Em 1989, comprou um jato particular, que batizou de *Indefensible* como uma tirada humorística contra si mesmo, já que antes tinha sido altamente crítico em relação ao excesso dos CEOs em áreas como transporte.

Ainda assim, a imagem de um homem não afetado pela riqueza, apesar de ter sido o mais rico do mundo, é em grande parte verdadeira. As ideias não solicitadas que as pessoas lhe enviam são, muitas vezes, consideradas, e recebem respostas ponderadas; há infindáveis histórias sobre como ele nunca usa o "Você sabe quem eu sou?", e os jornalistas que ligam para o seu assistente para obter uma entrevista, por vezes encontram-se falando com o próprio Buffett, uma vez que ele atende frequentemente seu próprio telefone.

Com oitenta anos, Buffett passou a procurar um sucessor, e os rumores são de que poderia ser Ajit Jain, o chefe das operações de resseguro da Berkshire, que Buffett descreveu como um "superstar".

É inteiramente de acordo com a filosofia de Buffett – e com o seu desprezo sincero pela riqueza herdada – que os seus filhos herdarão muito pouco da sua fortuna. Ele afirmou em numerosas ocasiões que aqueles que crescem com grande riqueza são membros do "clube do esperma da sorte", e disse: "Quero dar aos meus filhos o suficiente para que sintam que podem fazer qualquer coisa, mas não tanto que tenham vontade de não fazer nada." Quanto à sua vasta fortuna, ele anunciou em 2006 que daria 85 por cento das suas participações na Berkshire Hathaway para a caridade e que cinco sextos dela iriam para a Fundação Bill & Melinda Gates, que se concentra na saúde, pobreza e educação (Buffett e o casal Gates são bons amigos). O valor do presente foi estimado em cerca de 37 bilhões de dólares em 2006, o maior ato de filantropia da história. Indicou ainda que os quinze por cento restantes iriam também para a caridade.

Em 2010, ele e Bill Gates propuseram que os ricos devem comprometer pelo menos metade da sua fortuna para a caridade. Numa carta para a revista *Fortune*, Buffett escreveu:

> Minha sorte foi acentuada por viver em um sistema de mercado que, às vezes, produz resultados distorcidos, embora, em geral, sirva bem ao

nosso país... Trabalhei em uma economia que recompensa alguém que salva a vida de outros em um campo de batalha com uma medalha, que recompensa um grande professor com bilhetes de agradecimento dos pais, mas que recompensa aqueles que conseguem detectar a avaliação errada de títulos com somas que chegam aos bilhões. Em suma, a distribuição de vantagens do destino é muito caprichosa.

Doar a maior parte da sua fortuna, acredita ele, é a melhor maneira de compensar toda a boa sorte da qual ele desfrutou.

REFERÊNCIAS E LEITURAS ADICIONAIS

BERKSHIRE HATHAWAY. Relatórios e contas da empresa Berkshire Hathaway. Disponível em: www.berkshirehathaway.com.
CORNWELL, Rupert. Profile, *Independent on Sunday*, 27 jul. 2002.
KANTER, Larry. "Warren Buffet", *Salon.com*, 31 ago. 1999.
LOOMIS, Carol J. "Warren Buffett gives away his fortune", *Fortune*, 25 jun. 2006.
RIGBY, Rhymer. "Naked ambition and how to get it", *Management Today*, 1 set. 2004.
FINANCIAL TIMES. "AGMs that rally investors with a share of the fun", 10 fev. 2009.
SCHROEDER, Alice. *The Snowball: Warren Buffett and the business of life*. Nova York: Random House, 2008.
SULLIVAN, Aline. "Buffett, the Sage of Omaha, makes value strategy seem simple: secrets of a High Plains investor", *New York Times*, 20 dez. 1997.

4
JEFF BEZOS

Se Andy Grove personifica a primeira geração do Silicon Valley, e Steve Jobs a segunda, então Jeff Bezos é o avatar vivo da terceira – a revolução pontocom. A empresa que ele ainda dirige, a Amazon, foi lançada em 1995 como uma livraria online sediada em Seattle. Em seus primeiros anos, no verdadeiro estilo pontocom, o negócio queimou mais de meio bilhão de dólares. Mas, ao contrário de tantos outros, ele sobreviveu para se tornar um gigante global que agora vale 56 bilhões de dólares: não só sobreviveu, como também prosperou e tornou-se uma parte colossal da paisagem do comércio.

Apesar de Bezos e a Amazon serem, muitas vezes, usados como estenografia para tudo o que é pontocom, o fato de terem sobrevivido enquanto tantos outros falharam é porque, em muitos aspectos importantes, não eram pontocom típicos. Para começar, os clientes sempre foram o foco da empresa, e Bezos mantém um zelo messiânico em relação a dar-lhes a melhor experiência possível. Em segundo lugar, ao contrário do que acontecia em muitas empresas pontocom, Bezos foi muito franco sobre como a empresa não ganharia dinheiro durante quatro ou cinco anos. E, em terceiro lugar, a empresa manteve-se fiel às suas armas durante a quebra das pontocom, quando outros estavam perdendo a cabeça.

Bezos nasceu em Albuquerque, Novo México, em 1964. Sua mãe era ainda adolescente quando o teve, e o casamento com seu pai foi muito efêmero; ela casou-se novamente quando ele tinha quatro anos. Seu avô materno, que possuía um grande rancho, era um diretor regional da Comissão de Energia Atômica e foi uma influência significativa sobre o jovem Jeffrey. Quando criança, Bezos era notável por uma coisa: era muito, muito inteligente, com uma aptidão particular para a ciência, e, desde cedo, demonstrou grande inventividade. Sua precocidade foi um sinal das coisas que estavam por vir: ganhou prêmios de ciência e estudou em Princeton. Lá, começou a se interessar por física, mas mudou para computadores e, eventualmente, obteve um diploma em ciências da computação e engenharia elétrica.

Depois de se formar em 1986, Bezos trabalhou em finanças. Ele foi empregado em várias empresas de Wall Street, onde a ciência da computação estava entrando na moda como uma ferramenta para prever as tendências do mercado de ações. Em 1994, ele estava trabalhando no fundo multimercado DE Shaw, quando teve uma espécie de momento eureca. Isso porque o número de usuários de internet estava crescendo a mais de 2.300 por cento ao ano. Então Bezos, que é famoso por ser meticuloso e metódico, olhou para as vinte maiores empresas de venda por correspondência para ver qual delas funcionaria melhor no novo meio. Ele optou pelos livros, pois eram naturais para o mercado de venda por correspondência, mas tinha um problema – um catálogo de venda por correspondência de livros seria enorme, o que significava que a internet nascente poderia oferecer um avanço significativo. Tudo isso era bastante hipotético. Naquela altura, o comércio eletrônico não existia realmente; pouquíssimas pessoas sequer tinham e-mail.

Continuando sua diligência, o próximo porto de Bezos foi a convenção dos livreiros americanos em Los Angeles, onde ele descobriu que os atacadistas de livros tinham listas eletrônicas de seus produtos. A sua crença de que a venda de livros pertencia à internet cresceu.

Sua proposta de venda exclusiva era uma livraria online que podia oferecer uma variedade muito maior do que uma que arquivaria fisicamente o estoque. Além disso, os livros eram um excelente produto para vender online – a sua relação peso/valor significa que seu envio pelo correio não é um problema, não são perecíveis, e as pessoas estão geralmente preparadas para esperar alguns dias por eles. Além disso, um grande número de pessoas vive muito longe de uma livraria bem abastecida, especialmente nos Estados Unidos; para elas, uma livraria online seria uma dádiva de Deus.

Mas Bezos não conseguia interessar seus empregadores, então decidiu se arriscar, junto a sua esposa. Ele elaborou um plano de negócios e, em 1994, fundou a Amazon.com, com a família e amigos atuando como os primeiros investidores. Na melhor tradição das startups da Costa Oeste, o local de nascimento da Amazon era humilde – a garagem de uma casa de dois quartos em Seattle. A cidade foi escolhida por causa da alta concentração de pessoas com conhecimentos de informática, e diz-se que Nick Hanauer, um empresário de Seattle e o primeiro investidor "externo" na Amazon, convenceu Bezos a tomar a iniciativa. Hanauer investiu quarenta mil dólares na jovem empresa, convencido das vantagens da Amazon; no auge do *boom* das pontocom, seu investimento valia 250 milhões de dólares. Uma vez que Bezos testou o site entre amigos e ficou convencido de que ele funcionava como deveria, lançou sua livraria online em julho de 1995. De acordo com o site da empresa, o primeiro livro vendido foi *Fluid concepts and creative analogies: computer models of the fundamental mechanisms of thought*.

A Amazon rapidamente se tornou uma queridinha das pontocom. Bezos lidou bem com a mídia, e os livros eram coisas que as pessoas queriam comprar online. Em 1997, a empresa arrecadou 54 milhões de dólares em sua oferta pública inicial, e em outubro daquele ano a cumpriu sua milionésima encomenda – com seu olho para a publicidade, Bezos a entregou em mãos no Japão. Contudo, os opositores já estavam de olho numa métrica menos impressionante: quanto dinheiro a empresa estava perdendo. Bezos sempre disse que inicialmente o crescimento era mais importante do que a rentabilidade e que esperava perder dinheiro – mas o montante que estava perdendo fazia com que alguns questionassem essa estratégia.

A Amazon também começou a se diversificar: em 1998, abriu uma loja de música e, em 1999, moveu-se para a área de eletrônicos e roupas. Também começou a olhar para além dos Estados Unidos – em 1998, expandiu-se para a Alemanha e o Reino Unido. O tráfego disparou: em 1999, as vendas da empresa totalizaram 1,6 bilhão de dólares, e por muitas métricas – vendas e presença – a Amazon parecia ótima. Com efeito, a revista *Time* fez de Bezos a sua pessoa do ano (Ramo, 1999). Mas, por outra métrica muito importante, as coisas não eram tão cor-de-rosa. Em novembro de 1999, as perdas totais chegavam a mais de 500 milhões de dólares, e ainda assim Bezos estava se esforçando na corrida à rentabilidade. Isso continuou durante o ano seguinte, quando a bolha das pontocom explodiu. Em junho de 2000, as ações da empresa caíram dezenove por cento quando um relatório sugeriu que ela poderia ficar sem dinheiro, mas mesmo assim abriu lojas na França e no Japão. Em 2001, veio mais do mesmo – a Amazon disse que cortaria sua força de trabalho, houve mais rumores, mais especulações de que a empresa seria mais uma vítima das pontocom –, piadistas falavam sobre a Amazon.bomb e a Amazon.toast. No entanto, Bezos controlou seus nervos, e o mais próximo que chegou de reconhecer verdadeiramente que as coisas poderiam não estar correndo como planejado foi na sua carta de 2001 aos acionistas, em que dizia "Nossa, tem sido um ano brutal". De fato, tinha sido: a Amazon tinha perdido 1,4 bilhão de dólares.

Lembro-me de entrevistar Jeff Bezos nessa época. Jornalisticamente, não foi o meu melhor momento. Era um dia ridiculamente quente – um dos mais quentes da história em Londres – e decidi que seria legal fazer a entrevista usando um par de shorts, já que esse ainda era o mundo malvestido das pontocom. Não sei o que Bezos pensou sobre isso, e ele contou algumas piadas. Não foi a melhor das entrevistas – eu estava convencido de que ele estava me servindo um prato de enrolação corporativa quando deveria estar admitindo que a Amazon nunca seria lucrativa. Agora, é claro, percebo que Bezos estava simplesmente dizendo o que genuinamente acreditava ser verdade, que a então declaração da moda em que a Amazon estaria acabada estava completamente errada e que eu estava longe de ser o cara mais esperto da sala. Por outro lado, o que se pode obter de alguém que aparece para entrevistar o homem do ano da *Time* num par de shorts?

Mas a pressão era para valer agora, e Bezos tinha de fazer alguma coisa, então ele afirmou que a empresa seria rentável até o final do ano. No início de 2002, a empresa apresentou um lucro muito, muito pequeno para o quarto trimestre de 2001, superando as expectativas de todos. O seu primeiro lucro anual seria reportado no início de 2004, equivalente ao ano de 2003, cerca de sete anos após a sua fundação. Foi a quantia um pouco mais saudável de 125 milhões de dólares. Parece que Jeff Bezos, o grande pontocom de longa data, tinha razão. Ele havia afastado os céticos e os franco-atiradores, resistiu à queda e construiu o maior varejista online de todos. Atualmente, o único varejista americano que excede a Amazon em termos de capitalização de mercado é o Walmart. No Reino Unido, em 2009, a Amazon foi eleita a terceira varejista favorita do país (pela Verdict Research), depois de John Lewis e IKEA.

Desde que provou ser um negócio viável, a Amazon tem continuado a avançar e a inovar. Comprou o site chinês Joyo.com, em 2004, o renomeou Amazon.cn, em 2007; e expandiu-se para todas as categorias imagináveis. No início dos anos 2000, começou a vender produtos de outras pessoas, bem como os seus próprios e, como resultado, tornou-se um vasto mercado online com milhares de vendedores em vez de apenas um varejista. Em 2007, a empresa começou a vender downloads de MP3, colocando-o em concorrência direta com o iTunes da Apple. Mas, novamente, ela o fez de forma diferente – enquanto o iTunes e outros vendiam música com DRM (gerenciamento de direitos digitais, o que significa que você não podia copiá-la), as da Amazon estavam livres de DRM – e em MP3, um formato que pode ser reproduzido em praticamente qualquer dispositivo. Esse foi um diferencial importante e imediatamente tornou a Amazon atraente para muitos consumidores que haviam lutado contra a quebra de controle percebida pela Apple. A Amazon agora tem doze por cento do mercado contra os setenta por cento da Apple (Grupo NPD, maio de 2010), mas a participação dessa última é estável, enquanto a da Amazon está crescendo. A outra inovação notável da empresa foi o Kindle, um leitor de e-books. Em 2010, acreditava-se que cerca de oito milhões de leitores de e-books tinham sido vendidos. Em contrapartida, no mesmo ano, a Apple vendeu cerca de quinze milhões de iPad – um dispositivo que também pode ser usado para ler livros, embora, ao contrário do Kindle, não o faça sob luz solar intensa.

É claro que houve erros ao longo do caminho. Bezos afirmou: "Investíamos em todas as startups eletrônicas vintage, em fase de falência, de 1999. Pets.com, living.com, kozmo.com. Investimos em muitas falhas de alto nível. A única coisa boa é que tínhamos muita companhia. Isso não nos tirou da nossa própria missão, mas foi um desperdício de capital" (QUITTNER, 2008). A empresa também tentou entrar na área de busca (uma lição – não ir contra a Google). Mas a grande diferença entre a Amazon e tantas pontobombas é que, com a Amazon, os fundamentos sempre pareciam corretos. Havia uma visão clara e um plano sensato, Bezos sempre foi um homem de grandes detalhes, e a empresa sempre representou uma maneira melhor de fazer as coisas. Além disso, a Amazon sempre foi fanática pela experiência do cliente e por incluí-los no processo. A vasta quantidade de dados que recolhe não só lhe permite refinar as suas ofertas para "lojas de um único cliente", como também faz com que o site pareça uma comunidade na qual as opiniões das pessoas sobre as suas compras realmente importam e ajudam os outros.

Na conferência da Wired "Disruptive by Design", em 2009, em uma entrevista com Steve Levy, Bezos foi questionado sobre o que permitiu à Amazon sobreviver quando tantos duvidavam dela. Ele respondeu:

> Havia duas coisas: a métrica do negócio e o preço das ações. Depois da decadência, o preço das ações caiu, mas as métricas do negócio continuaram a melhorar... Tivemos algumas críticas muito duras durante esse tempo, mas sempre notamos que nossos críticos mais duros estavam entre os nossos melhores clientes. Ter uma equipe que está concentrada na construção de produtos torna-a mais resiliente contra a opinião externa.

Vale lembrar também que, apesar de Bezos ser uma voz de otimismo na crise, ele também era uma voz de moderação sóbria durante os piores excessos do *boom*. Um mantra que costumava repetir ao pessoal era: "Não se sinta trinta por cento mais esperto porque a ação subiu trinta por cento este mês, porque se sentirá trinta por cento mais burro quando descer." Ele também disse: "Uma das diferenças entre fundador/empresários e gestores financeiros é que os fundadores/empresários são teimosos sobre a visão do negócio e continuam a trabalhar nos detalhes. O truque para ser um empreendedor é saber quando ser teimoso e quando ser flexível. O truque para mim é ser teimoso sobre as grandes coisas."

No entanto, Bezos não é um empresário no molde de Branson. Ele disse em várias ocasiões que não tem nenhum desejo particular de fugir e fundar outra empresa. Ele tem, no entanto, outros interesses – e um deles é viagem espacial, que é indiscutivelmente o hobby do homem rico nos dias de hoje. Em 2005, Bezos anunciou o Blue Origin, que é um projeto para colocar passageiros pagantes no espaço. Sua venda, em 2010, de dois milhões de ações da Amazon (deixando-o com meros 92 milhões) levou à especulação de que ele poderia estar acelerando as atividades nesse domínio. Mesmo que seja apenas um passatempo, com Bezos tocando esse projeto, deveríamos prestar atenção.

REFERÊNCIAS E LEITURAS ADICIONAIS

ANDERSON, Chris. "The zen of Jeff Bezos", *Wired*, 13, 2001.
BIOGRAFIA DE JEFF BEZOS, disponível em: Achievement.org.
BUSINESSWEEK. "Jeff Bezos' risky bet", 13 nov. 2006.
DEUTSCHMAN, Alan. "Inside the mind of Jeff Bezos", *Fast Company*, 1 ago. 2004.
FREY, Christine; COKK, John. "How amazon.com survived, thrived and turned a profit", *Seattle Post-Intelligencer*, 28 jan. 2004.
QUITTNER, Josh. "The charmed life of Amazon's Jeff Bezos", *Fortune*, 15 abr. 2008.
RAMO, Joshua Cooper. "Jeffrey Preston Bezos, person of the year", *Time*, 27 dez. 1999.
RIGBY, Rhymer. Entrevista com Jeff Bezos, *Business 2.0*, 2001.

5
Sergey Brin e Larry Page – a dupla da Google

Graças, em parte, a um artigo da *Playboy* publicado em setembro de 2004, Sergey Brin e Larry Page serão para sempre conhecidos como os "caras da Google" ("The Google guys – America's newest billionaires"). Embora possa parecer uma maneira bastante trivial de descrever dois dos mais ricos e influentes empreendedores de tecnologia do mundo, é exatamente isso que eles são. A manchete da *Playboy* apenas nos deu um apelido conveniente. Brin e Page são cofundadores do maior motor de busca do mundo. A Google é uma das empresas de tecnologia mais utilizadas no mundo e, de acordo com alguns, é a marca mais valiosa que existe. Eles são atualmente presidente de tecnologia (Brin) e CEO (Page) e possuem participações significativas na empresa; Eric Schmidt, que recrutaram em 2001, foi CEO até o início de 2011.[1]

---

[1] Tanto Brin quanto Page renunciaram aos seus cargos em dezembro de 2019, mas permanecem acionistas majoritários.

Page nasceu em Michigan e estudou em uma universidade do estado antes de se matricular no doutorado de Stanford, na Califórnia. Brin nasceu na Rússia, e seus pais migraram para os Estados Unidos em 1979; formou-se na Universidade de Maryland antes de se mudar para Stanford para fazer um doutorado em ciência da computação. Os dois ficaram amigos e depois, em 1996, começaram a trabalhar juntos num motor de busca que na época se chamava Backrub. Em 1997, decidiram mudar o nome para Google, um trocadilho sobre o termo matemático "googol" (o número 1 seguido de cem zeros) e uma alusão à já vasta quantidade de informação online.

No verdadeiro estilo do Vale do Silício, o par conseguiu convencer o cofundador da Sun, Andy Bechtolsheim, a investir cem mil dólares. Eles montaram uma loja em uma garagem alugada e a chamaram de Google Technology Inc. O domínio google.com foi registrado em setembro de 1997, e a empresa foi incorporada um ano depois. Em seguida, contrataram o seu primeiro empregado, Craig Silverstein, que ainda é o diretor de tecnologia.[2] Numa entrevista de 2008 ao *The Times* (Londres), o sr. Silverstein disse: "Sempre imaginei que seríamos uma empresa de oitenta a cem pessoas." Agora a empresa tem mais de vinte mil empregados. No final do seu primeiro ano, a PC World coroou a google como o melhor motor de busca. Esse era o início do que seria uma ascensão notável – de uma empresa da qual poucos tinham ouvido falar até um colosso globalizado em menos de uma década.

Então, o que dupla da Google fez de tão diferente? Eles certamente não foram os primeiros. Na verdade, se você olhar para trás na lista de motores de busca (Excite, Ask Jeeves, Lycos – todos os quais são agora sombras pálidas), a Google foi uma participante muito tardia, mas o que ela ofereceu aos usuários foi diferente em certos aspectos. Primeiro, classificou as páginas de forma diferente. Outros motores de busca classificavam-nas principalmente pelo número de vezes que o termo de pesquisa aparecia na página em questão; a Google reconheceu que

---

[2] Silverstein deixou a Google para trabalhar na plataforma de educação por vídeo Khan Academy em 2012.

páginas importantes eram suscetíveis a serem ligadas a outras páginas, e o seu algoritmo PageRank analisou essa questão. Os resultados, dizia--se, eram mais parecidos com a forma como um indivíduo atribuiria importância a uma página. Page disse, numa entrevista de 2001 para a *Businessweek*, que: "percebemos, falando com todos os CEOs das empresas de pesquisa – que estavam realmente se transformando em portais – que, comercialmente, ninguém ia desenvolver os mecanismos de pesquisa. Eles disseram 'ah, nós não nos importamos com o nosso motor de busca'. Vimos então que havia uma enorme oportunidade de negócios e que mais ninguém iria trabalhar nisso".

O segundo grande diferencial da Google foi o quão limpa era sua página. Numa época em que muitos motores de busca e portais adotavam uma abordagem da notícia que chamasse mais atenção nas suas primeiras páginas, as do Google eram um exercício de minimalismo. Era – como sempre foi – essencialmente um box de pesquisa, a palavra "Google" e um fundo branco. Tudo isso fez com que os usuários o adorassem, mas não trouxe receitas.

As diferenças entre a Google e as pontocom mais comuns também não pararam com a experiência e a tecnologia do usuário. A sua terceira grande diferença surgiu em 2000, quando a Google começou a vender anúncios com base nas pesquisas dos usuários. Esses são os anúncios que normalmente aparecem no lado direito da página, e o modelo de receitas era (e é) uma combinação de empresas que "compram" essas palavras--chave num processo de leilão e taxas de cliques, ou seja, a empresa paga à Google uma quantia quando os clientes clicam da Google para o site da empresa. Isso significava que, ao contrário de tantas empresas iniciantes da pontocom, a Google tinha um fluxo de receita decente desde muito cedo. Não foi preciso gastar anos queimando o dinheiro dos investidores, apresentando razões cada vez mais elaboradas para que o número de visitantes fosse mais importante do que a rentabilidade. Em vez disso, a empresa começou a ter lucros no final de 2001, cerca de três anos após a sua constituição.

A grande diferença final da empresa é cultural. Ela tem sido famosa por ser um ótimo lugar para trabalhar – e é lendária por tudo, desde a qualidade de sua comida na cafeteria, creche para filhos de funcionários, até ter instalações divertidas como paredes de escalada para o pessoal. Quando eu escrevia um *slot* semanal para o *Financial Times* sobre o lado peculiar e agradável da vida corporativa, eu tinha uma regra autoimposta que só poderia citar a Google uma vez a cada três meses – já que, o que quer que fosse, eles sempre pareciam já aplicar. Você certamente tem a impressão de que essa cultura emana do topo. Quando entrevistei Sergey Brin em 2001, ele parecia ser um cara muito normal, embora excepcionalmente inteligente. Seu escritório estava um pouco desarrumado, e o canto estava cheio de equipamentos de esqui; passamos quinze minutos da entrevista falando sobre esqui no Lago Tahoe.

Talvez a manifestação mais famosa da filosofia da Google seja o lema informal: "*Don't be evil*", não seja mau. Page, Brin e Schmidt famosamente explicaram isso em um "manual de proprietários" antes da oferta pública inicial (IPO) da empresa em 2004; pode ter sido em parte para aliviar as preocupações dos funcionários de que a listagem poderia mudar essa cultura: "Não seja mau. Acreditamos firmemente que, a longo prazo, seremos mais bem servidos – como acionistas e de todas as outras formas – por uma empresa que faz coisas boas para o mundo, mesmo que renunciemos a alguns ganhos de curto prazo. Esse é um aspecto importante da nossa cultura e é amplamente partilhado dentro da empresa". Mais tarde, a empresa reviu a situação para uma "escala da maldade" ou "*the evil scale*", que publica no seu website na área de informações sobre a empresa.

O IPO da empresa levantou 1,67 bilhão de dólares e tornou muitos funcionários milionários – mas, embora a empresa esteja listada, Page e Brin mantiveram uma participação acionária majoritária, dando-lhes o controle final. E depois de sua bem-sucedida IPO, ela certamente não deu tudo como garantido ou permaneceu "apenas" um negócio de busca.

O seu núcleo altamente lucrativo (a empresa controla mais de dois terços do mercado de publicidade online) permitiu-lhe seguir um plano de jogo muito incomum. Essencialmente, passou grande parte dos últimos sete ou oito anos criando produtos brilhantes, inovadores e geralmente com um bom design e, depois, oferecendo-os gratuitamente.

O mais conhecido de todos é o Gmail, o seu serviço de e-mail – que se revelou tão popular e foi tão bem recebido (em grande parte devido à qualidade do seu design, que revolucionou o webmail) que algumas empresas como a Rentokil mudaram os seus sistemas corporativos para ele (*IT Pro*, 13 de outubro de 2009). Novamente, a Google foi um participante tardio do mercado. Os seus principais concorrentes são o Hotmail, que existe desde 1996 e foi comprado pela Microsoft em 1997, e o Yahoo Mail, que estreou em 1997. O Gmail só apareceu em 2004. No entanto, tem feito incursões impressionantes no mercado. O Hotmail tem 360 milhões de usuários, o Yahoo 284 milhões e o Gmail 173 milhões.

Deve também ser notado que o Gmail é amplamente visto como mais recente e mais moderno do que qualquer um dos seus rivais. De fato, o Hotmail foi recentemente remodelado – e, de acordo com o blog do *New York Times*, Tech (18 de maio de 2010), a razão para isso foi se tornar mais parecido com o Gmail. O Hotmail sofre nos Estados Unidos de um pouco de "problema de percepção", como disse o vice-presidente da Microsoft, Chris Jones. As pessoas têm a percepção de que o Hotmail é repleto de spam, tem pouca memória, precisa de um monte de recursos que estão faltando e é basicamente o serviço de e-mail do passado. "Isso acontece parcialmente porque o Hotmail já existe há algum tempo", disse Jones, celebrando o Hotmail como o primeiro serviço de e-mail da web a ser lançado em grande escala. "Ultimamente, o Gmail tem sido o primeiro com uma grande caixa de entrada, o primeiro com IMAP e, por causa desses primeiros passos, tem um bom burburinho sobre si." A última frase provavelmente lhe diz quase tudo o que você precisa saber sobre a diferença entre Microsoft e Google.

O Gmail pode ser uma das melhores ofertas da Google, mas os seus produtos mais recentes são igualmente interessantes e ainda mais preocupantes para os concorrentes. Em 2015, a empresa lançou seu navegador Chrome, que foi muito bem recebido e agora tem pouco menos de sete por cento do mercado, atrás do Firefox, com cerca de 25 por cento, e do Internet Explorer, com sessenta por cento (NET-MARKETSHARE, 2010). Notavelmente, ele está à frente do Safari, o navegador da Apple. Mas o Chrome aponta para algo ainda mais revolucionário. A Google quer não só lhe fornecer pesquisa e correio eletrônico, mas também lhe dar um sistema operacional gratuito. Isso coloca seus tanques diretamente no gramado da Microsoft, já que o sistema operacional Windows roda atualmente em mais de noventa por cento dos computadores do mundo. A questão é que o Chrome não se destina a ser apenas um navegador – uma das suas futuras permutações será como um sistema operativo. Baseado no Linux, ele será *open-source* (ou seja, qualquer um pode ver e alterar o código) e grátis. Ele é projetado para ser leve e deve funcionar melhor em laptops menores em que, segundo o plano, ele acionará quase instantaneamente. É claro que há anos já existem sistemas operativos livres baseados em Linux, mas nenhum deles chegou perto de ser adotado em desktops e laptops; o maior, o Ubuntu, conta com cerca de doze milhões de usuários. Parte disso tem sido porque ele não tem músculo corporativo suficiente por trás de si, mas um sistema operacional livre apoiado pela Google é uma perspectiva muito diferente.

A Google já tem trajetória nessa área – embora nesse caso tenha prejudicado a Apple muito mais do que a Microsoft. Em 2008, a empresa lançou um sistema operativo de telefonia móvel denominado Android. Novamente, ele é baseado em Linux, e a empresa o lançou como código aberto. O Android tem sido um enorme sucesso e, dependendo de quem você acredita, pode estar mordendo os calcanhares do Iphone ou provavelmente o ultrapassando. Em 2010, alguns comentaristas sugeriram que, quando se tratava de recursos telefônicos, a Apple estava agora perseguindo a Google, ao invés do contrário. E quanto à Microsoft no espaço dos telefones? Bem, como disse o blogueiro John Gruber, "O grande perdedor desta semana... foi a Microsoft. Eles simplesmente nem sequer fazem parte do jogo... Eles não têm nada. Sem dispositivos interessantes, vendas fracas e uma base de usuários reduzida. A irrelevância da Microsoft é considerada um fato garantido".

A empresa também está perturbando os maiores players da tecnologia de outras formas. A Google se mudou muito cedo (2006) para a arena de aplicativos online. Os aplicativos online são versões reduzidas de programas como o Word, que não requerem mais do que um navegador de computador para serem executados – efetivamente, a Google está fornecendo uma versão rudimentar do Office online. Vale ressaltar aqui que o Google Apps, mesmo em sua forma corporativa paga, não corresponde à funcionalidade do MS Office, mas também é importante notar que a grande maioria dos usuários do Office não precisa muito dessa funcionalidade – e que, em meados de 2009, a Microsoft lançou uma versão online gratuita do Office.

Na verdade, quando se trata de muitos de seus produtos, a Google parece sair ganhando de qualquer maneira. Quando os lança primeiro, é brilhante e inovadora, e, quando os lança depois, faz com que o operador histórico pareça pesado e sem resposta às necessidades dos usuários. Muitos atribuem isso à cultura corporativa. A Google é amplamente considerada como tendo uma força de trabalho apaixonada pelo que faz e um espírito empresarial que incentiva a inovação. A empresa conhecidamente oferece aos seus engenheiros vinte por cento do seu tempo para analisar os projetos nos quais estão interessados. Muito disso decorre de ter fundadores que têm uma crença forte na aplicação criativa de novas tecnologias.

Claro que nem tudo o que a Google toca se transforma em ouro. O Google Video Player teve uma morte silenciosa em 2007 (a empresa comprou o YouTube); houve também o Google Orkut, a facada menos estelar da empresa nas redes sociais, e o Google Answers, que não é tão bem-sucedido como o seu homólogo da Yahoo. Mas, quando você compara esses ao Gmail, Google Earth, Google Maps, Google Apps, Chrome e assim por diante, os erros parecem um pequeno preço a pagar. Você pode argumentar, no entanto, que a Google age como um desincentivo para outras empresas inovadoras, já que tudo que você desenvolver online a Google em algum momento vai chegar e fazer melhor; o melhor que você pode esperar é ser comprado.

O enorme sucesso da Google levou a um maior escrutínio das suas atividades por parte dos organismos de vigilância da concorrência e das queixas sobre o seu comportamento e poder por parte dos concorrentes. Ela também tem enfrentado crescente preocupação por parte dos defensores da privacidade que temem que a quantidade de informações que a empresa tem sobre os usuários seja assustadora. Ela fez algumas coisas para aplacar aqueles que temem pela sua privacidade. Mas a preocupação sempre permanece – e se o gigante comparativamente benigno decidir um dia começar a usar alguns dos dados que detém de forma mais agressiva e menos escrupulosa?

Curiosamente, a maior dor de cabeça da empresa até hoje não tem sido tanto tecnológica, mas política. Mais uma vez, isso está enraizado no antigo desejo de Brin e Page de gerir uma empresa que não faz o mal – e no fato de os lemas fofos serem comparativamente fáceis de cumprir quando se é o azarão de que todos gostam, mas nem tanto quando se é uma multinacional líder de mercado. Após muita hesitação, a companhia entrou na China, em 2006, com uma versão censurada de seu motor de buscas. Sobre isso, Brin disse: "Sentimos que talvez pudéssemos comprometer os nossos princípios, mas, em última análise, fornecer mais informação aos chineses... e fazer a diferença." A empresa foi amplamente vista como uma espécie de contorcionista ética, tendo traído suas raízes, e deve ter sido especialmente difícil para Brin, com suas memórias de infância na Rússia. No final, combinar o desejo do governo chinês de controlar a informação com o desejo da Google de que ela seja gratuita provou ser uma acomodação difícil demais. Em março de 2010, após ataques de hackers que foram rastreados até a China continental, a Google anunciou que não estava mais disposta a censurar seus resultados de pesquisa chineses e que as buscas chinesas seriam redirecionadas para uma Hong Kong mais liberal. Isso efetivamente terminou a presença da empresa na China – embora a China fosse um dos poucos mercados onde a Google não era o número um.

Quanto a Page e Brin, nenhum deles tem ainda quarenta anos. De acordo com a Forbes, em 2010, eles foram, juntos, a 24ª pessoa mais rica do mundo, e ainda detêm uma parcela substancial das ações e do poder de voto da empresa, embora tenham dito que vão vender parte disso para diluir sua participação para menos de cinquenta por cento. Parece haver pouca razão para deixar uma empresa que com pouco mais de dez anos de idade parece garantida para continuar o seu recorde de inovação perturbadora do mercado. Dito isso, ambos manifestaram interesse pelas energias renováveis.

REFERÊNCIAS E LEITURAS ADICIONAIS

ECONOMIST. "Enlightenment man", 6 dez. 2008.
IGNATIUS, Adi. "Meet the Google guys", *Time*, 12 fev. 2006.
KANG, Cecilia. "Cars and wind: what's next for Google as it pushes beyond the web?", *Washington Post*, 12 out. 2010.
MALSEED, Mark. "The story of Sergey Brin", *Moment Magazine*, fev. 2007.
PLAYBOY. "Interview: Google guys", set. 2004.
RIGBY, Rhymer. "Interview with Sergey Brin", *Business 2.0*, 2000.
SPIEGEL. "Google co-founder on pulling out of China", 30 mar. 2010.

6
SIR TIM BERNERS-LEE

É justo perguntar o que Tim Berners-Lee – que não é um homem de negócios – está fazendo numa lista de pensadores de negócios. A resposta é simples: Berners-Lee é o homem que é amplamente considerado como o pai da web (apesar das afirmações de Al Gore). Como ator-chave na grande revolução tecnológica do final do século XX e início do século XXI, ele teve um efeito muito mais profundo na forma como fazemos negócios – e, aliás, nas nossas vidas em geral – do que centenas de outras pessoas mais obviamente ligadas ao mundo do comércio e da indústria. Sem o seu trabalho, as empresas dirigidas por alguns outros pensadores neste livro, como a dupla da Google e Jeff Bezos, não poderiam existir. No entanto, ao contrário deles, Berners-Lee não é particularmente rico e vive a vida de um acadêmico, embora tenha sido aclamado como o maior britânico vivo.

    Antes de continuarmos, é importante entender que a web e a internet não são a mesma coisa. A internet é a série de redes (incluindo todos os computadores físicos e fios conectados a ela). Em uma extremidade da escala, isso pode significar o seu PC ou telefone celular e, na outra, as vastas fazendas de servidores da Google. A web (ou World Wide Web, como a Berners-Lee originalmente a chamava) é um meio de compartilhar informação construído sobre a rede. Em termos de tráfego na rede, a web constitui uma parte considerável do total, mas não é tudo. Por exemplo, o e-mail é feito principalmente através da internet, mas não faz parte da web, a não ser que seja um webmail. A internet é anterior à web em vinte anos e tem suas origens na Arpanet, patrocinada pelo Departamento de Defesa dos EUA. A primeira mensagem enviada pela internet foi em 29 de outubro de 1969, da UCLA para o Stanford Research Institute (a mensagem era a palavra "login", embora apenas "lo" tenha sido enviado antes de haver uma falha no sistema). Essa data é amplamente utilizada como a data de nascimento da internet.

A internet, antes da web, era um lugar muito diferente – e muito menos interessante – do que aquele a que estamos acostumados hoje. Era uma série de sistemas militares e acadêmicos interligados, um mundo de código arcano usado principalmente por pessoas com cérebros do tamanho de planetas e tão longe da atual experiência multimídia brilhante e de fácil utilização quanto se pode imaginar. Quando a maioria das pessoas diz "a internet" hoje em dia, querem dizer "a web". Notavelmente, para algo que é tão claramente associado ao Vale do Silício e mais tarde dominado por startups da Costa Oeste, as origens da web (se não da internet) são solidamente do Velho Mundo. Seu pai, Berners-Lee, era um inglês que trabalhava em um centro de pesquisa europeu, e o primeiro site do mundo, o memoravelmente info.cern.ch, não era um pontocom; era "ponto ch", que é o domínio suíço.

Berners-Lee nasceu em East Sheen, um subúrbio de classe média pouco notável de Londres, em 1955. A sua educação foi bastante convencional – na verdade, a única coisa notável na sua infância era que ele e os seus pais eram muito inteligentes. Eles eram matemáticos que trabalhavam em alguns dos computadores mais antigos do mundo, como o Ferranti Mark I. Tim ficou fascinado com a eletrônica, e as discussões da hora da refeição incluíam tópicos como inteligência artificial e jogos usando números imaginários (as raízes quadradas de números negativos). Berners-Lee foi para a escola em Wandsworth, e depois estudou na Queen's College, Oxford, onde obteve um primeiro diploma em física.

Depois de se formar, ele mudou para a área de software, trabalhando na Plessey Telecommunications por dois anos antes de ir para a DG Nash Ltd; seus contemporâneos se lembram de um homem que era altamente inteligente e muito determinado. Em seguida, Berners-Lee tornou-se consultor freelancer, e isso incluiu um contrato de seis meses no CERN, o enorme centro de pesquisa em Genebra, em 1980. Querendo uma maneira de ligar a informação e vários documentos em seu computador, ele escreveu um pedaço de software que foi projetado para organizar a informação de uma forma semelhante à maneira como a mente humana opera. Ele disse que a ideia era a de "manter o registo de todas as associações aleatórias com que nos deparamos na vida real". Ele foi chamado de Enquire e, segundo Berners-Lee, "formou a base conceitual para a web mundial". Essencialmente, Enquire significava que palavras em arquivos poderiam ser vinculadas a outros arquivos. Funcionou – ainda que estivesse muito longe do hipertexto globalizado de hoje, pois funcionava apenas no próprio computador de Berners-Lee.

De 1981 a 1984, ele trabalhou na John Poole's Image Computer Systems em design técnico. Em 1984, retornou ao CERN como bolsista, e seu interesse em organizar informações sobre computadores foi reacendido. Naquela altura, isso foi um pesadelo. A padronização e a interoperabilidade de hoje estavam muito distantes, o hardware e o software variavam enormemente, e máquinas diferentes, muitas vezes, não só não falavam a mesma língua como não tinham interesse em fazer isso. Em 1989, Berners-Lee escreveu uma proposta para "uma grande base de dados de hipertexto com links digitados", uma ideia que foi recebida com indiferença educada, embora o seu chefe, Mike Sendall, tenha sugerido que a experimentasse num computador.

Berners-Lee encontrou uma audiência mais grata pelas suas ideias em Robert Cailliau, um cientista informático belga, que estava preparado para o ajudar a obter financiamento no CERN. Quando os dois reapresentaram a ideia em uma conferência em 1990 – falando sobre uma teia de documentos que seriam vistos em navegadores e usariam uma arquitetura de servidor cliente –, ninguém entendeu tampouco, por isso seguiram sozinhos. No final do ano, Berners-Lee tinha tudo o que precisava para construir uma web básica, embora ela rodasse apenas em um computador NeXT. (Se fosse possível ter um hyperlink aqui, haveria um para Steve Jobs.)

Em 6 de agosto de 1991, ele colocou o primeiro site online. Para aqueles que estão interessados, ele ainda pode ser encontrado. O deliciosamente despretensioso primeiro parágrafo diz: "O projeto WorldWideWeb (WWW) visa permitir a criação de ligações a qualquer informação em qualquer lugar. O endereço inclui um método de acesso (=namespace), e para a maioria dos espaços de nomes um hostname e algum tipo de caminho". Mais à frente, diz: "O projeto WWW foi iniciado para permitir que os físicos de alta energia partilhassem dados, notícias e documentação. Estamos muito interessados em espalhar a web para outras áreas, e ter servidores de gateway para outros dados. Colaboradores são bem-vindos".

Nesse ponto, se Berners-Lee sabia que o que ele estava fazendo seria um dia (e não tão distante) comparado à invenção da imprensa, ele estava sendo deliciosamente modesto, mas dado o passado sem brilho do projeto, ele pode muito bem ter pensado que continuaria a ser uma ferramenta acadêmica útil, mas pouco mais que isso. É muito fácil esquecer como era difícil navegar em grande parte da web no início de sua vida.

Vale ressaltar aqui também que o conceito de hipertexto não era realmente próprio de Berners-Lee, mas anterior a 1945. No entanto, foi ideia dele colocar o hipertexto e a internet juntos. No início da década de 1990, o interesse começou a crescer, e alguns sites começaram a aparecer, embora confinados a departamentos de ciências de universidades e laboratórios. Em 1993, o CERN lançou os protocolos web e o código para uso de qualquer um, e, em 1994, Berners-Lee estabeleceu o World Wide Web Consortium (W3C) para implementar padrões para a web e manter a qualidade.

O ano 1993 não foi só o ano que os protocolos atrás da teia foram tornados gratuitos – outro marco altamente significante foi a aparência do navegador Mosaic. Criado por Marc Andreessen e Eric Bina, o navegador é amplamente creditado pela popularização da World Wide Web e por trazê-la ao alcance das pessoas comuns. Na verdade, embora o Mosaic tenha durado apenas de 1993 a 1997, ainda hoje é reconhecível como um navegador web. Mosaic foi realmente a última etapa do processo iniciado por Berners-Lee em 1984. Como qualquer pessoa que trabalhasse ou estudasse no início dos anos 1990 se lembrará, no início da década, para a maioria das pessoas, não havia internet. Alguns anos depois, alguns adotantes muito antigos podem ter recebido e-mails, mas não foi realmente até meados da década de 1990 (o Internet Explorer apareceu pela primeira vez em 1995) que as coisas realmente decolaram, e a web fez a sua transição final de uma ferramenta voltada para cientistas para um ônibus em que todas as empresas queriam embarcar. A Amazon.com foi lançada em julho de 1995, pouco menos de quatro anos após o aparecimento do primeiro site.

Berners-Lee é geralmente visto como um homem modesto e mais de uma vez disse que ele estava basicamente no lugar certo na hora certa e notou que outros estavam explorando as mesmas ideias que ele. Tudo isso é verdade, mas também é indevidamente modesto. Muitos outros grandes inventores no passado (como Edison) eram pessoas liderando equipes de pesquisadores, enquanto Berners-Lee realmente criou a web praticamente sozinho. Nesse sentido, ele realmente inventou – ele é o gênio solitário da imaginação popular. Apesar de todas as pessoas que ajudaram a implementar, popularizar e difundir sua invenção, ele sozinho criou a ideia. Claro que também não foi só inventá-la. A outra ótima coisa que ele fez – que é o que o coloca em desacordo com a maioria das outras pessoas neste livro – é que, depois de ter inventado algo que se revelaria tão fantasticamente útil e sustentaria a grande mudança econômica da informação, ele simplesmente a cedeu. Berners-Lee nunca ganhou dinheiro diretamente com a sua invenção.

Sua crença no livre intercâmbio de informações é algo que é construído no próprio tecido da web. Às vezes, é praticamente um bem inquestionável como a Wikipédia e os blogs – e, às vezes, é um pouco mais complexo, como o compartilhamento de arquivos e fontes de notícias úteis descobrindo que é muito, muito difícil cobrar por informações. Mais recentemente, Berners-Lee tem sido um incansável defensor da neutralidade da web, do princípio de que toda a informação é igual e que os ISP não favoreçam determinados sites e serviços em detrimento de outros. Em 2004, tornou-se professor de ciência da computação na Universidade de Southampton, onde trabalha na web semântica. A ideia por trás disso é que os computadores realmente entendam a informação com que estão lidando em vez de simplesmente servi-la aos usuários. No final de 2009, lançou a World Wide Web Foundation. Ele pode não ter ganho dinheiro com a sua invenção, mas foi inundado de honras. Assim como o título de cavaleiro, ele tem uma dúzia de títulos honorários e medalhas e prêmios incontáveis e, em 2004, foi eleito o maior britânico vivo. É uma honra adequada para um homem que inventou algo tão útil – e que em pouco mais de uma década reescreveu a forma como grande parte do mundo fazia negócios – e depois simplesmente a entregou de graça.

REFERÊNCIAS E LEITURAS ADICIONAIS

AUSTIN, Marcus. "Profile", *Business 2.0*, 2001.
BERNERS-LEE, Tim. Biografia do seu próprio site.
JOHNSON, Bobbie. "The Guardian profile: Tim Berners-Lee", *Guardian*, 12 ago. 2005.
NAUGHTON, John. "The Observer profile – To serve us all his days", *Observer*, 19 abr. 2003.
QUITTNER, Joshua. "Network designer: Tim Berners-Lee", *Time*, 29 mar. 1999.

7
ANITA RODDICK

Quando Anita Roddick morreu em 2007, aos 64 anos de idade, os tributos chegaram, mas muitos deles não eram de pessoas que você esperaria que estivessem elogiando uma mulher de negócios. Juntamente com Gordon Brown, o então primeiro-ministro do Reino Unido, ela também foi elogiada pelo diretor executivo do Greenpeace e pelo diretor da Anistia Internacional. E isso, talvez, seja a chave para quem Roddick era. Embora ela tenha construído um império de negócios extremamente bem-sucedido de milhares de lojas e acumulado uma fortuna considerável, não é por seus negócios que ela será lembrada. Pelo contrário, seu lugar na história está assegurado porque ela foi a primeira pessoa a realmente fundir comércio e ativismo social. Ela reconheceu que os negócios eram uma das forças motrizes mais poderosas do mundo moderno – e estava determinada a usá-los para promover uma agenda ambiental e ética. Nesse sentido, Roddick é incomum – para ela, o negócio era um meio para um fim, e não um fim em si mesmo.

Em sua área – negócios socialmente responsáveis –, ela foi pioneira no sentido mais verdadeiro. Hoje em dia, a maioria das pessoas recicla, preocupa-se com a possibilidade dos povos indígenas conseguirem um acordo justo e preocupa-se com as suas pegadas de carbono; qualquer empresa moderna que se preze fala de sustentabilidade, de múltiplas linhas de renda e dos stakeholders. Mas, se pensarmos no início dos anos 1980, no apogeu de Thatcher e Reagan, na época, para a maioria dos empresários, o verde era uma cor agradável apenas para um Jaguar. Na verdade, é muito fácil esquecer o quão pouco a maioria dos empresários se importava com questões éticas na época. Não é que eles eram insensíveis (embora houvesse um pouco disso na Grã-Bretanha de Thatcher). Pelo contrário, era que essas questões simplesmente não figuravam em suas agendas; eles não se importavam porque não sabiam. É claro que houve um movimento verde, mas era em grande parte antiempresarial. O gênio de Roddick foi fazer da ética uma proposta de base e usar os negócios como uma força para o bem.

Anita Perilli nasceu em 23 de outubro de 1942 num abrigo antibomba em Littlehampton, West Sussex, uma cidade na costa sul da Inglaterra; a The Body Shop ainda tem a sua sede global lá. Ela era filha de imigrantes italianos, e a única outra família italiana na cidade eram seus primos. Isso, disse, fez dela "uma forasteira natural – e eu fui atraída por outros forasteiros e rebeldes" (http://www.anitaroddick.com). James Dean era um herói, e ela disse que desenvolveu um sentimento de indignação precoce: "[Isso] foi despertado quando li um livro sobre o Holocausto quando eu tinha dez anos".

Como tantos imigrantes italianos na época, os pais dela tinham uma cafeteria. Quando ela tinha oito anos, eles se divorciaram e a mãe casou com o primo do pai, Henry. Acontece que ele era na verdade o pai de Anita, pois a mãe tinha tido um caso durante o casamento; Anita estava, disse ela, muito satisfeita com essa reviravolta. Tragicamente, um ano e meio depois de casar com sua mãe, Henry morreu.

Depois da escola secundária, Roddick treinou como professora e depois passou um ano num kibutz em Israel. Depois disso, viajou para lugares distantes, como as ilhas do Pacífico Sul e a África do Sul, onde foi expulsa por ter ido a uma noite de jazz num clube negro. Aqui, talvez, estivesse o primeiro prenúncio do que estava por vir. Ela disse que viajar a ajudou a desenvolver sua consciência social – embora pudéssemos razoavelmente nos perguntar quantas mulheres jovens nos anos 1960 tinham consciências sociais bem desenvolvidas. Quando ela voltou para o Reino Unido, sua mãe a apresentou a um escocês chamado Gordon Roddick. "Nossa conexão foi instantânea." E foi mesmo: ela se mudou para o apartamento de Roddick cinco dias depois de conhecê-lo, e o casal passaria quase quarenta anos juntos, até a morte de Anita.

Aos 26 anos, ela deu à luz sua primeira filha, Justine; dois anos depois, nasceu Sam (que seguiu vagamente os passos de sua mãe, com uma sex shop de luxo e ética no Covent Garden de Londres, onde produtos de sucesso incluem consolos de madeira colhidos de forma sustentável). Anita e Gordon casaram-se em 1970, quando ela estava grávida de Sam, eles abriram um restaurante e depois um hotel.

A The Body Shop nasceu por necessidade. Em 1976, Gordon Roddick decidiu que queria montar um cavalo de Buenos Aires a Washington, DC (ele abandonou a jornada quando o cavalo caiu numa ravina). Mas antes de partir, ele ajudou a mulher a arranjar um empréstimo de quatro mil libras, com a ideia de que ela começaria um negócio para sustentar a si própria e suas filhas. Na época, disse ela, não fazia ideia do que o comércio realmente envolvia, mas tinha "uma riqueza de experiência" das suas viagens. Ela havia visto em primeira mão os rituais e produtos de beleza usados pelas mulheres nas sociedades pré-industriais, que ainda eram muitas nos anos 1960 e 1970, e tinha sido influenciada pelo crescimento em tempos de guerra e pós-guerra na Grã-Bretanha, com racionamento e austeridade, em que tudo era reutilizado. Ela abriu sua loja na pitoresca Lanes de Brighton em 1976, vendendo uma gama muito limitada de produtos que fazia em casa. Quando seu marido voltou da expedição a cavalo, onze meses depois, ela já tinha uma segunda loja.

Há alguma discussão sobre o quão verde e ética era a The Body Shop no começo, mas o que parece bem claro é que os produtos eram sempre bastante naturais e que Roddick era profundamente contra os testes em animais – e também vale a pena lembrar que os critérios para esse tipo de coisa mal existiam no final dos anos 1970. O que está claro, porém, é que os clientes de Roddick adoraram seus produtos simples e sem crueldade, e por isso os recomendavam; em 1978, a empresa abriu seu primeiro ponto de venda no exterior (um quiosque em Bruxelas), e, na década de 1980, a cadeia se tornou um ícone britânico de rua principal, embora estivesse curiosamente fora de sincronia com o ethos da Grã-Bretanha de Thatcher.

Em 1984, a The Body Shop foi inserida no mercado de títulos não cotados de Londres (o mercado júnior da bolsa, que era suplantado pelo AIM), e passou para uma listagem completa no ano seguinte. O fato de a empresa ser um PLC foi um despertar negativo para Roddick. Como ela disse mais tarde, "Nunca devia ter ido a público, mas não tinha como saber naquele momento". Muito simplesmente, sua ideia de uma empresa com múltiplas linhas de renda e partes interessadas estava cerca de quinze anos à frente de seu tempo, e a cidade estava interessada em apenas uma coisa – a linha de fundo real. Ela se desentendeu com seu CEO, Patrick Gournay; a empresa teve dificuldades nos Estados Unidos, e toda a experiência lhe trouxe uma profunda desconfiança em relação ao mundo corporativo dos negócios-como-de-costume e aos jornalistas de negócios. No entanto, as ações da empresa realmente foram muito bem, e, em 1990, a The Body Shop foi avaliada em oitocentos milhões de libras, tornando Anita a quarta mulher mais rica do Reino Unido; ela possuía trinta por cento.

Mas o ativismo de Roddick era sempre mais interessante. Em 1985, ela lançou a empresa na causa de salvar as baleias; em 1989, queria salvar as florestas tropicais; e, em 1990, ela fez campanha contra os testes em animais. A empresa também coletou assinaturas para campanhas de direitos humanos. Em vez de comprar produtos como manteiga de cacau e castanhas-do-pará nos mercados de commodities, Roddick ia ao encontro dos produtores em lugares como América Central, Índia e Amazônia e negociava diretamente com eles, garantindo que obtivessem um preço melhor por seus produtos. Em 1986, a The Body Shop lançou seu primeiro produto de comércio comunitário, um massageador de pés, feito por um fornecedor no sul da Índia. Em 1990, foi criada a The Body Shop Foundation – a revista *Big Issue*, que oferece uma fonte de renda para pessoas em situação de rua, foi um de seus primeiros projetos. A famosa The Body Shop nunca teve um departamento de marketing – e com Anita Roddick no leme, entende-se que ela nunca precisou de um. Quer estivesse criticando as multinacionais, defendendo a filosofia feminista ou sendo atingida por gás nos protestos da OMC em 1999, ela nunca esteve longe dos olhos do público.

Mas os anos 1990 foram menos simpáticos para a The Body Shop. Os Roddicks continuaram tendo problemas com a cidade e disseram que teriam levado a empresa para o setor privado novamente se tivessem condições para isso. As características que fizeram de Anita um rosto tão bom para a marca também faziam com que ela não gostasse muito das pessoas com dinheiro, e, como muitas empresas, a The Body Shop descobriu que é fácil ser bonitinho quando se é pequeno, mas é difícil quando se é uma multinacional. Em 1994, o jornalista Jon Entine escreveu um artigo condenatório sobre a The Body Shop na revista *Business Ethics* e, ao que parece, havia muitos outros que estavam preparados para apontar o dedo também.

Com o benefício da retrospectiva, isso é talvez um pouco injusto. É verdade que a empresa nem sempre esteve à altura das suas grandes ambições, mas também é verdade que, no fundo, estava tentando fazer a coisa certa – e que, se focarmos em ser verdes, a menor de todas as infrações ambientais será notada. Erros foram cometidos, mas muitos porque a empresa estava abrindo caminhos em vez de seguir uma rota bem trilhada – e, como Roddick observou, a The Body Shop era frequentemente cobrada em padrões muito mais altos do que outros. Um exemplo do tipo de revoltas que ela teve com seus detratores vem desse artigo de Jon Entine, publicado no *Daily Mail*. Entine escreveu:

> Pela primeira e única vez, foi-me permitido fazer-lhe uma pergunta. Citei uma versão do seu discurso, proferido em 1993, em que ela pedia um boicote à China. "Como você concilia sua chamada para um boicote quando a The Body Shop compra dezenas de produtos da China? De acordo com as organizações de comércio justo, você rejeitou pessoalmente apelos à mudança para fontes mais éticas." Ela me olhou feio.

"Você simplesmente não entende, não é? Estava falando sobre o que os negócios devem fazer, não sobre o que realmente fazemos. O meu trabalho é inspirar. Mas temos um maldito negócio para gerir."

É interessante que ele tenha cobrado Roddick sobre a China, já que a nova economia mais empolgante do mundo provou ser um obstáculo para inúmeras empresas com uma dimensão ética. Mais de uma década depois, a Google ficaria em uma posição semelhante em relação às solicitações chinesas de censura e de espionagem de contas sancionada pelo governo. E, apesar de todas as vozes estridentes de grupos sobre um único assunto, é um dilema sem resposta fácil. Não é apenas o fato de que lucrar e fazer a coisa certa podem estar em direções diametralmente opostas; é também que, às vezes, a coisa certa está longe de ser clara.

No entanto, os problemas da The Body Shop não se deviam apenas a dores de crescimento. No início dos anos 1980, o que Roddick estava fazendo era genuinamente novo e incomum, enquanto, em 1997, todos estavam fazendo o mesmo – e em alguns casos eles provavelmente estavam fazendo de uma maneira mais moderna e mais interessante do que a The Body Shop. Quando as primeiras lojas Lush começaram a aparecer na década de 1990, de repente a The Body Shop começou a fazer parte do estabelecimento contra o qual já tinha se chocado.

Em 2006, a The Body Shop foi vendida para a gigante francesa de cosméticos L'Oréal, um movimento que alguns dos fãs mais antigos da empresa nunca perdoaram – a L'Oréal é uma empresa de cosméticos muito mais convencional, com tudo o que isso implica. No entanto, a The Body Shop é gerida de forma independente, e ser vendida a uma multinacional que procura uma adição ética ao seu portfólio é um destino que recai sobre muitos negócios socialmente responsáveis – os chocolatiers Green & Black's são agora propriedade da Cadbury (que é propriedade da Kraft), e a empresa de sorvetes hippie Ben & Jerry's pertence ao conglomerado anglo-holandês Unilever. Os verdadeiros crentes podem pensar que isso é se vender, mas também pode-se argumentar que se tornar parte desses grupos expõe mais pessoas às ideias e aos princípios por detrás dos negócios éticos.

Infelizmente, Roddick não tinha muito tempo. Ela tinha sido diagnosticada com cirrose hepática, que havia desenvolvido como resultado da contração de hepatite C, trinta anos antes, a partir de uma transfusão de sangue que havia feito depois de dar à luz a sua segunda filha, e desconhecia isso até ser diagnosticada em 2004. Caracteristicamente, quando descobriu que tinha a doença, ela começou a fazer campanha para aumentar a conscientização sobre a doença e ajudar outros, em vez de focar em sua própria situação difícil. Como ela disse quando anunciou que estava doente no início de 2007, "É um pouco chato, mas você geme e segue em frente". Ela morreu em setembro de 2007 de uma hemorragia cerebral. Em 2008, foi revelado que não tinha deixado nada de sua fortuna de 51 milhões de libras a família e amigos, mas tinha doado tudo para várias instituições de caridade.

O seu maior legado foi cultural e não financeiro. Ela mudou para sempre a ideia do que os negócios são capazes de fazer – e para que servem. Hoje em dia, mesmo as empresas que fabricam armas preocupam-se com a responsabilidade social (ou pelo menos fingem fazê-lo). Isso é em grande parte por causa de Anita Roddick.

REFERÊNCIAS E LEITURAS ADICIONAIS

ANITA RODDICK. Website.
BBC News. "Dame Anita Roddick dies aged 64", 10 set. 2007.
THE BODY SHOP. Website.
ENTINE, J. "Shattered image: is the Body Shop too good to be true?". In: *Business Ethics*, 23-28, out. 1994.
MCCARTHY, Michael. "How Anita changed the world", *Independent*, 12 set. 2007.
MOORE, Matthew. "Anita Roddick's will reveals she donated entire £51m fortune to charity", *Telegraph*, 16 abr. 2008.
RODDICK, Anita. Biografia em seu website.
RODDICK, Gordon. "I want to do Anita justice", *Telegraph*, 21 out. 2007.
SIEGLE, Lucy. "Profile: Anita Roddick ('And this time, it's personal')", *Observer*, 19 fev. 2007.
TELEGRAPH. "Obituary of Anita Roddick", 12 set. 2007.

8
Ray Kroc

Se um dia já houve um homem para quem foi inventado o epíteto cafona "uma lenda somente durante a hora de almoço", é Ray Kroc. Ele tem sido chamado (com bastante precisão) de Henry Ford dos hambúrgueres e o pai da fast-food. É um testemunho de seu incrível sucesso que a cadeia, cujo crescimento ele iniciou, seja agora usada como estenografia para a globalização – tanto por seus apoiadores quanto por seus detratores – e que muitos aspectos das multinacionais que tomamos como certas apareceram pela primeira vez no seu negócio.

Como acontece com todos os empresários verdadeiramente influentes, o impacto de Kroc foi muito além do mundo do comércio, e o McDonald's tem um lugar na cultura popular que poucos sequer sonham em alcançar. A *The Economist* publica uma tabela de taxas de câmbio alternativas chamada Big Mac Index, e o termo "McJob" foi recentemente incluído no *Oxford English Dictionary*; mesmo o McDonald's fez um grande alarido sobre o termo pejorativo e as oportunidades de emprego que oferece às pessoas, suspeita-se que ficaram secretamente encantados. E tudo se deve a um homem que parecia que ia terminar a sua carreira vendendo máquinas de milkshake.

Ray Kroc, por qualquer padrão, chegou tarde no jogo. Seu envolvimento na maior cadeia alimentícia do mundo começou quando ele tinha cinquenta anos, em uma idade em que a maioria das pessoas está pensando em se aposentar ao invés de revolucionar a indústria de alimentos, as dietas das pessoas e a paisagem americana. Kroc nasceu em 1902 em Illinois. Em 1917, ele tentou se tornar um motorista de ambulância na Primeira Guerra Mundial (mentiu sobre sua idade), mas durante seu treinamento, a guerra terminou e ele permaneceu em solo americano. Precisando de trabalho, foi pianista, antes de começar a trabalhar para a Lily Tulip Cup Company, em 1922, vendendo copos e produtos de papel.

Durante a sua vida como vendedor ambulante, Kroc encontrou Earl Prince, um cliente que tinha inventado o "multimixer", um dispositivo que podia misturar cinco milkshakes ao mesmo tempo. Kroc, agora com 37 anos, viu o potencial da máquina e obteve direitos exclusivos de sua comercialização. Passou então os dezessete anos seguintes viajando pelo país, vendendo multimixers a donos de farmácias e restaurantes. Na década de 1950, porém, as vendas começaram a cair. A grande suburbanização dos Estados Unidos havia começado, e as fontes de refrigerante de negócios pequenos estavam fechando em massa; o negócio de Kroc estava em declínio acentuado e aparentemente terminal. No entanto, contrariando essa tendência descendente, havia um restaurante em San Bernardino, Califórnia, que tinha extraordinariamente encomendado oito multimixers – o que significava que precisava fazer quarenta milkshakes ao mesmo tempo. Kroc ficou intrigado.

Richard e Maurice McDonald deixaram a Nova Inglaterra em 1930, atraídos para a Califórnia pelas luzes brilhantes de Hollywood. Seus sonhos de riquezas não se concretizaram, e eles fundaram um restaurante em San Bernardino, uma cidade a cerca de 105 quilômetros ao leste de Los Angeles. Quando Kroc os visitou, ficou espantado com o que viu. Graças ao sistema *speedee service* que os irmãos tinham introduzido em 1948, o restaurante era uma colmeia de atividade bem organizada, com comida preparada de forma análoga à da linha de montagem de Henry Ford. O cardápio tinha sido reduzido a nove itens, e a comida era servida em pratos de papel e com utensílios de plástico; não havia cadeiras. Os preços eram extraordinariamente baixos, e os pedidos eram atendidos em sessenta segundos. Numa época em que a higiene nos restaurantes era, muitas vezes, deficiente e os trabalhadores eram descuidados, o lugar era um testemunho brilhante de limpeza e eficiência. Mais tarde, Kroc escreveu na sua autobiografia: "Me senti como um Newton moderno que tinha acabado de tirar uma batata Idaho do crânio". Ele acreditava que tinha visto o futuro e que o futuro era um McDonald's em todas as esquinas movimentadas.

No dia seguinte, Kroc apresentou sua visão aos irmãos, mas eles não estavam particularmente interessados. Eles já tinham experimentado com a expansão e vendido algumas franquias, mas, no final das contas, estavam vivendo muito bem de seus negócios e não viam necessidade de trabalhar mais. Kroc, no entanto, era um verdadeiro crente e, usando poderes de persuasão aprimorados por décadas de experiência de venda, conseguiu convencer os irmãos a lhe dar direitos exclusivos para vender seu modelo. Kroc venderia as franquias por 950 dólares. Além disso, ele receberia 1,9 por cento das vendas brutas de cada franquia, das quais 0,5 por cento iria para os irmãos. Kroc abriu seu primeiro McDonald's perto de Chicago para servir como modelo e como um outdoor para os futuros franqueados.

Curiosamente, muitas pessoas presumem que Kroc surgiu com a ideia original do McDonald's, mas, como vimos, esse não foi o caso – o conceito e grande parte do branding inicial eram dos irmãos. No entanto, continua a ser absolutamente correto ver Kroc e não eles como o homem por trás do McDonald's. Sem Kroc, o McDonald's seria quase certamente mais uma (provavelmente morta) cadeia de restaurantes pequena de que ninguém tinha ouvido falar.

O que Kroc tinha – e os irmãos não tinham – era a vontade de transformar uma pequena empresa em um colosso globalizado. Na verdade, Kroc é possivelmente o exemplo empresarial mais claro de que ter uma boa ideia realmente não é suficiente – ele é a encarnação viva da famosa citação de Edison: "O gênio é um por cento de inspiração e 99 por cento de transpiração". Com o McDonald's, os irmãos forneceram o um por cento. Uma das razões para o extraordinário impulso de Kroc pode ter sido que, em 1955, ele não tinha um plano B – embora os multimixers lhe tivessem proporcionado um bom rendimento, o futuro estava claro e ele não estava ficando mais novo. O McDonald's era mesmo sua última aposta.

Kroc era um defensor da regulação e da uniformidade – e via nisso a chave do sucesso –, por isso começou a aperfeiçoar o modelo dos irmãos. Tudo foi padronizado, desde os hambúrgueres até as batatas fritas e os milkshakes, com precisão de até um oitavo de polegada e um quarto de onça. Ao invés de implementar o treinamento relativamente complexo que um chef de ordem curta exigia, Kroc dividiu tudo em tarefas simples que qualquer um poderia fazer com treinamento mínimo. É por isso que a comparação com Henry Ford é tão adequada. Antes de Kroc, o fast-food tinha sido um processo relativamente descuidado que exigia trabalhadores treinados e resultou em um produto variável. Kroc mudou tudo isso com a sua visão particular da perfeição. Ele acreditava que onde quer que você comesse nos Estados Unidos você deveria ter exatamente a mesma comida e experiência, da Flórida ao Alasca.

Ele também inovou em outros aspectos. Numa época em que a comida ainda era vista como uma arte, ele trouxe rigor científico ao processo até o ponto de construir um laboratório. Ele atacou os custos impiedosamente para manter os preços baixos e foi um dos primeiros empregadores de jovens e adolescentes em meio período. Dividir os trabalhos em componentes e implementar equipes nas cozinhas ajudaram a fazer isso. Ele acreditava muito na qualidade também – em uma época em que muitos hambúrgueres eram feitos com recheio barato, ele insistiu nos agora famosos discos de carne bovina. Ele também procurou novos locais suburbanos para seus restaurantes com um zelo estratégico que misturava economia e planejamento urbano.

Claro que, quando Kroc começou, não tinha o campo só para ele. Existiam outras correntes se estabelecendo. Mas Kroc queria que o McDonald's fosse diferente. Uma forma de conseguir isso foi por meio da limpeza e uniformidade dos seus restaurantes. Outra era o relacionamento que ele tinha com seus franqueados, pois, enquanto Kroc pode ter odiado as funções daqueles que trabalhavam nos restaurantes, ele tratava melhor aqueles que as realizavam. Muitas empresas na época viam os franqueados como pouco mais do que vacas de dinheiro que estavam lá para serem ordenhadas por tanto quanto fosse possível. Kroc tratou-os muito melhor. Ele queria vender-lhes um restaurante que fosse como uma fábrica funcional – e queria trabalhar com eles, em vez de arrancar deles todos os centavos que pudesse. Além disso, embora fosse religioso sobre uniformidade, ele permitia aos franqueados um amplo espaço para experimentar e inovar dentro da estrutura, e genuinamente ouvia suas ideias. Muitos dos produtos da empresa, como o McFish, o McMuffin de ovo e até mesmo o icônico Big Mac, foram inventados por franqueados individuais. Para Kroc, quando ele vendia uma franquia McDonald's, começava uma relação comercial de longo prazo.

Aqui soa como se Kroc estivesse no caminho certo para o sucesso. Na verdade, ele tinha um problema sério. Apesar de todos os seus números saudáveis em termos de crescimento, nessa fase a empresa não estava indo muito bem financeiramente. O acordo que Kroc havia feito com os irmãos McDonald não era bom para ele e significava que, enquanto o volume de negócios era enorme no início dos anos 1960, ele mesmo não estava ganhando praticamente nada. Pior ainda, a obsessividade de Kroc estava se esbarrando desconfortavelmente contra a indiferença dos irmãos. Ele queria desesperadamente comprar sua parte, pois sentia que a abordagem deles era um empecilho para a marca.

A salvação a longo prazo para Kroc veio na forma de um advogado muito inteligente com uma solução muito elegante, Harry J. Sonneborn. Como solução, a empresa se tornasse senhorio dos seus franqueados. Em 1956, foi fundada a Franchise Realty Corporation. A ideia era a de que essa empresa comprasse propriedades e depois as alugasse aos franqueados do McDonald's; os franqueados pagariam à empresa-mãe uma taxa ou uma percentagem do seu volume de negócios, o que fosse maior. Foi um golpe de mestre, e Kroc mais tarde creditaria Sonneborn como sendo o homem responsável por fazer a empresa dar a volta por cima. Como diz o livro *McDonald's: behind the arches* (LOVE, 1995), "O que transformou o McDonald's numa fábrica de dinheiro não teve nada a ver com Ray Kroc ou os irmãos McDonald ou mesmo a popularidade dos hambúrgueres, batatas e milk-shakes da marca. Em vez disso, o McDonald's fez o seu dinheiro em imóveis e com uma fórmula pouco conhecida desenvolvida por Harry J. Sonneborn". Com efeito, embora Kroc nunca tenha concordado com esse ponto de vista, Sonneborn disse uma vez a um grupo de investidores que a empresa estava efetivamente no setor imobiliário: "A única razão pela qual vendemos hambúrgueres de quinze centavos é porque eles são o maior fornecedor de receitas a partir das quais os nossos inquilinos podem nos pagar aluguel".

Mas, enquanto a Franchise Realty em último caso resgataria Kroc, isso levaria alguns anos e ele não estava fora de perigo. Em 1961, um ano particularmente sombrio para Kroc, seu casamento terminou em divórcio – sua esposa de 39 anos sentia que a empresa não deixava espaço para ela. Além disso, por ter dado a vários funcionários valiosas quantidades de ações já que não podia pagar grandes salários, Kroc foi forçado a desistir de mais 22 por cento das ações para garantir um empréstimo.

Mas até mesmo isso não foi suficiente. Ele tinha chegado ao ponto em que faria praticamente qualquer coisa para se livrar dos fundadores da "sua" cadeia, que, muitas vezes, pareciam estar trabalhando para minar o que ele tinha feito. Eventualmente, chegaram a um acordo. Os irmãos exigiram um milhão de dólares livre de impostos cada um, o que equivale a 2,7 milhões; Kroc conseguiu levantar o dinheiro, mas em termos onerosos. Embora em retrospecto tenha sido um negócio terrível para os irmãos McDonald, na época Kroc achou que tinha pago um preço muito alto. Eles também não sabiam se o acordo incluía o restaurante original ou não. No fim, os irmãos conseguiram ficar com ele, mas tiveram de mudar o nome; mudaram para "The Big M". Kroc abriu um McDonald's do outro lado da rua e levou-os à falência.

Finalmente Kroc tinha o negócio que queria. Em meados da década de 1960, a empresa tinha centenas de pontos de venda nos Estados Unidos e, em 1965, abriu seu capital, o que lhe deu dinheiro para se expandir em um mercado em crescimento, mas cada vez mais competitivo. Começou também a fazer publicidade e, em pouco tempo, lançou anúncios nacionais, que eram extremamente dispendiosos, mas também extremamente eficazes. Ronald McDonald, que tinha aparecido pela primeira vez no início dos anos 1960, foi acompanhado por uma verdadeira comunidade de personagens, incluindo Grimace, Mayor McCheese e o Hamburglar; desses, apenas Ronald permanece agora.

Nos anos 1970, o McDonald's tornou-se a maior cadeia de fast-food dos Estados Unidos e, em 1971, abriu na Alemanha e no Japão. Em 1977, abriu a sua primeira loja em Londres. Kroc tornou-se uma figura no palco nacional, comprou o San Francisco Padres, um time de beisebol, e conheceu presidentes. A empresa também começou a atrair críticas – tanto daqueles que estavam preocupados com as percebidas falhas nutricionais dos seus alimentos, quanto daqueles que estavam preocupados com a mudança dos Estados Unidos de uma economia de produção para uma economia de serviços.

Mas nada disso incomodou Kroc. Ele permaneceu, em grande parte, não afetado pela riqueza e pelo poder que a empresa trazia, fora da esfera imediata dos Arcos de Ouro;[1] ele também resistiu à tentação de se gentrificar. Deixou o cargo de CEO em 1968, apesar de ter permanecido – e, de certa forma, obsessivamente – envolvido na organização até a sua morte em 1984, aos 81 anos.

Até o momento de sua morte, sua empresa tinha vendido quase cinquenta bilhões de hambúrgueres e era uma das maiores dos Estados Unidos, com um valor de cerca de quatro bilhões de dólares, mas a influência de Kroc sobre o mundo era muito maior do que isso. Com efeito, se quisermos uma empresa que incorpore um grande número das mudanças econômicas ocorridas na segunda metade do século XX, poderiam existir piores do que McDonald's. Mais do que isso, porém, o McDonald's mudou a forma como os Estados Unidos comiam, mudou a forma como os americanos trabalhavam, mudou a paisagem dos

---

[1] Apelido para o McDonald's e nome da empresa proprietária que fornece os uniformes dos trabalhadores.

EUA e, pode-se argumentar, mudou a aparência de alguns americanos. Poucos pensadores de negócios tiveram um impacto tão grande fora do mundo das empresas.

REFERÊNCIAS E LEITURAS ADICIONAIS

ENTREPENEUR, Biografia de Ray Kroc. Disponível em: www.entrepreneur.com.
GROSS, Daniel. *Forbes Greatest Business Stories of All Time*, p.232-245, 1996.
KROC, Ray. *Grinding It Out: the making of McDonald's*, 1990.
LOVE, John F. *McDonald's: behind the arches*, Bantam Press, 1995.
McDONALD'S. Disponível em: www.mcdonalds.com.
PACE, Eric. "Obituary", *New York Times*, 15 jan. 1981
PEPIN, Jaques. "Burger meister, Ray Kroc", *Time*, 7 dez. 1998.
SCHLOSSER, Eric. *Fast Food Nation*, 2001.

9
Rupert Murdoch

Murdoch é frequentemente – talvez, até mesmo, normalmente – retratado como uma espécie de Montgomery Burns da mídia. Isso não é totalmente injusto, pois ele não só é rico, como também exerce enorme poder e influência através de uma rede de jornais e estações de televisão que vão desde o *The Sun* (o jornal diário mais vendido do Reino Unido) até a Fox News (o controverso canal americano). Mesmo *The Simpsons*, o desenho animado mais duradouro do mundo, faz parte do império de Murdoch, e, em 1999, ele fez uma aparição como convidado, talvez para contrariar aqueles que dizem que ele não tem senso de humor.

Mas, tanto quanto o próprio homem, há também a imagem da lenda que Murdoch tem cultivado cuidadosamente ao longo dos anos. Ele é uma figura que inspira sentimentos fortes – muitos o odeiam. As razões invocadas são geralmente o fato de ele ser responsável pela estupidez e vulgaridade dos meios de comunicação e de exercer uma influência maligna sobre a política nos países em que opera. O dramaturgo britânico Dennis Potter, quando doente terminal, disse memoravelmente: "Vou chamar meu câncer de Rupert" (BBC, 2002); Alan Bennett recusou um diploma honorário de Oxford devido às suas ligações com Murdoch; e a revista satírica *Private Eye* rotineiramente o ridiculariza como "o coveiro sujo". No entanto, há muito poucos chefes de estado que recusem um pedido de reunião com Murdoch. E, como veremos, em última análise, sua influência sobre a mídia pode ser, no total, menos maligna do que muitos pensam.

Keith Rupert Murdoch nasceu em Melbourne, Austrália, em 1931. Seu pai, Keith, dirigia um grupo de jornais regionais, News Ltd., e a família vivia confortavelmente. Ele estudou filosofia, política e economia (PPE – o grau de escolha de muitos da elite do Reino Unido) em Oxford e, quando o seu pai morreu em 1953, herdou a empresa familiar. Logo se estabeleceu como um operador de mídia experiente e se expandiu muito além de sua base regional, tornando-se uma força poderosa nos jornais australianos. Em pouco tempo, estava procurando no exterior e comprando títulos na Nova Zelândia. Em 1964, lançou o *Australian*, o primeiro diário nacional do país. O *Australian* foi um exemplo de muito do que estava para vir. Claro que era um empreendimento comercial, mas como um jornal de folha larga (ou seja, de qualidade), também foi concebido para dar influência política a Murdoch.

Um país pequeno (em termos de população e economia) como a Austrália não conseguiu segurar Murdoch por muito tempo, então ele se voltou para o Reino Unido. Sua primeira aquisição realmente grande no exterior foi o jornal britânico de domingo *News of the World*, do qual ele ganhou controle em 1969, após uma batalha acrimoniosa contra Robert Maxwell, outro magnata da imprensa lendário. No mesmo ano, comprou o *The Sun*, embora na época fosse apenas uma folha larga e estivesse distante do belicoso "red top" que caracteriza o jornalismo tabloide de hoje. Sempre um homem de negócios, Murdoch fez isso em parte porque as prensas que adquiriu com o *News of the World* não imprimiam nada em seis de sete dias. Depois de comprar o *The Sun*, Murdoch modificou-o como tabloide, a infame página três que apresentava modelos de topless apareceu um ano mais tarde e, em 1979, a transformação ficou completa quando o jornal abandonou as suas lealdades trabalhistas e deu o seu (então considerável) apoio a Margaret

Thatcher. Dois anos mais tarde, em 1981, Murdoch causou um furor no Reino Unido quando comprou os pilares nacionais, *The Times* e *The Sunday Times*. Naturalmente, seus críticos estavam preocupados com o que ele faria com eles; Murdoch certamente tinha planos, mas eles não eram o que muitos esperavam.

Em meados da década de 1980, em resposta às disputas trabalhistas em andamento na Fleet Street, Murdoch demitiu seis mil trabalhadores em greve e transferiu seus quatro títulos para Wapping, nas docas do leste de Londres. A disputa industrial e os protestos duraram um ano, mas foi Murdoch que ganhou no final das contas; ao contrário dos grevistas, ele estava suficientemente bem preparado (e financeiramente amortecido) para se dar ao luxo de simplesmente esperar que a greve acabasse. A disputa de Wapping foi um episódio-chave no declínio do poder dos sindicatos na Grã-Bretanha de Margaret Thatcher. Ele também mudou o rosto da Fleet Street e o equilíbrio de poder nos jornais. No final da década de 1980, quase todos os jornais nacionais britânicos tinham deixado sua casa tradicional pelas docas, e o modelo de impressão de Murdoch estava sendo amplamente adotado.

A Grã-Bretanha e a impressão digital também não eram grandes o suficiente para atender às ambições de Murdoch. Ele também estava de olho no maior mercado de todos. No início dos anos 1970, comprou um jornal e tabloide americano local, o *The Star*. Em 1976, porém, levantou sua mira e comprou o *New York Post*, prometendo manter suas tradições e transformando-o prontamente no tabloide sensacionalista de direita que conhecemos hoje.

Ele também estava olhando para além da imprensa, sem dúvida percebendo que o poder dos jornais estava diminuindo e que a televisão estava desempenhando um papel cada vez mais importante na formação das agendas. Em 1983, ele assumiu o controle da emissora de satélite, Satellite Television UK, que foi relançada no ano seguinte como Sky Channel. Em 1990, essa se fundiu com a sua rival BSB para formar a British Sky Broadcasting, tendo a News International de Murdoch como acionista maioritário. A empresa sangrou dinheiro em seus primeiros anos, mas foi subsidiada pelo resto da News International (Murdoch nunca teve problemas em usar as partes lucrativas do negócio para apoiar seus primos não lucrativos). Em 1992, tinha garantido os direitos de transmissão do futebol da Premier League e, desde meados dos anos 1990, tem sido amplamente rentável e um grande player no mercado televisivo do Reino Unido. O seu presidente é atualmente James Murdoch, filho de Rupert Murdoch.

Murdoch foi também cada vez mais ativo em outras áreas de entretenimento. Em 1985, ele comprou a primeira metade e depois toda a TCF, a holding da 20th Century Fox, e começou a adquirir estações de televisão, com a ideia de formar uma quarta rede de televisão americana para rivalizar com ABC, NBC e CBS. Em 1985, ele se tornou um cidadão americano, já que só cidadãos do Estados Unidos estão autorizados a possuir estações de televisão no país. Nos primeiros dias, a Fox Television lidou com uma quantidade razoável de críticas pela lascívia de seus programas, mas construiu seu público e também ganhou credibilidade com programas como *The OC* e *House*. Em 1996, lançou o canal pelo qual talvez seja mais conhecido: Fox News. Dizer que o canal de notícias tem sido controverso é como dizer que Murdoch é ambicioso. Lançado pelo ex-estrategista do Partido Republicano Roger Ailes, o autoproclamado canal de notícias "justo e equilibrado" se destacou nos anos Bush com sua tendência populista de direita.

Para os moderados dos EUA e a esquerda, porém, a Fox era um desastre, pois finalmente deu à base da direita seu próprio canal de notícias e algo que se aproximava de uma voz coerente, e tornou-se extremamente influente. O canal tem sido, muitas vezes, acusado de um óbvio viés de direita e de deturpação de fatos para se adequar à sua agenda, mas, na política polarizada dos Estados Unidos, as queixas da esquerda tendem a ser alimento para a direita, e a Fox e os seus apresentadores se deleitaram na satisfação que lhe foi lançada pelos seus detratores *bien pensant*. Vale a pena notar, no entanto, que Murdoch é muito mais que alguém que se dobra com o vento. Após a vitória de Obama, ele fez alguns movimentos cuidadosos para se distanciar, sem rodeios, tanto do viés político do canal quanto de Ailes.

Naturalmente, com Murdoch se aproximando de sua nona década, há muita especulação sobre seu legado, especialmente porque a estrutura da herança é bizantina, com diferentes direitos de voto para filhos de diferentes casamentos, que variam de menos de dez anos de idade à meia-idade. No entanto, Murdoch não mostra sinais reais de desistir. Na verdade, seu apetite por influência e fome por negócios não diminuiu, embora diga-se que sua mais nova esposa amadureceu um pouco sua política. Sua aparente imortalidade – ou crença em sua imortalidade – pode se manifestar das formas mais estranhas. Em 2008, seu biógrafo Michael Wolff disse que a cor do cabelo do magnata varia de laranja flamejante a berinjela e depois explicou que o multibilionário tinge ele mesmo o cabelo sobre a pia.

Os anos 2000 foram uma década mais mista para Murdoch, com algumas inversões interessantes da norma. Como em todos os jornais, ele tem sofrido com o declínio da circulação, da receita de anúncios e com o aumento da rede, o que significa que onde antes os jornais rentáveis subsidiavam a TV via satélite, agora o inverso é verdadeiro. Ele também teve alguns encontros decididamente misturados com a nova economia. Mais notavelmente, em 2005, ele comprou o MySpace por 580 milhões dólares. Inicialmente, isso parecia um movimento astuto para novas mídias, e as receitas publicitárias pareciam bonitas, embora nos últimos anos o sucesso do Facebook tenha levado muitos a sugerir que, em vez de ter feito uma compra inteligente, Murdoch comprou um site que estava prestes a cair. Isso e as suas recentes discussões com a Google (ele e os executivos da News Corp descreveram repetidamente o motor de busca como um "parasita" que lucra com conteúdo criados por outros) levaram alguns a sugerir que Murdoch não compreende de fato a internet e que esses são os gritos de um homem velho vendo o império que construiu transformar-se em poeira.

Mesmo os seus jornais que continuam rentáveis não são o que já foram. No início da década de 1990, o *The Sun* costumava vangloriar-se – e muitos acreditavam – de que tinha o poder de influenciar as eleições no Reino Unido, mas só quando estava no seu ponto mais belicoso e sua influência estava no auge. Em 1992, apoiou os conservadores nas eleições gerais do Reino Unido (e esfaqueou o Partido Trabalhista), proclamando depois: "Foi o *The Sun* que ganhou". Em poucos anos, sua circulação atingiu um pico de pouco menos de cinco milhões. O número é agora ligeiramente superior a três milhões, e, nas últimas eleições gerais do Reino Unido, o partido que apoiou, em vez de obter uma maioria geral, teve de entrar em coligação com os Liberais Democratas – um resultado que diz muito.

Mas há outras boas razões para não diminuir Murdoch. Sua mais recente aquisição significativa nos Estados Unidos foi o *Wall Street Journal* em 2007. Aqui, muitos temiam que ele destruiria um dos poucos jornais sérios dos Estados Unidos com sucesso que ainda restavam, mas, para sua surpresa, ele parece tê-lo revigorado. Na verdade, como diz o comentador de mídia do Reino Unido Roy Greenslade (*Time*, 28 de junho de 2007), Murdoch parece ter uma abordagem mais informal com seus jornais sérios, enquanto alegremente se intromete em seus tabloides. O *Wall Street Journal* é uma verdadeira joia na coroa de Murdoch e uma pela qual ele pagou caro. Pensa-se que Murdoch pode agora apontar diretamente para o *New York Times*, provavelmente o jornal mais influente do mundo e a derradeira reivindicação para um homem que muitos veem como um filisteu. Um artigo da *New York Magazine* publicado no início de 2010 dizia: "Alguns veem uma obsessão na busca de Murdoch pelo *Times*. '[Comprar o jornal] foi o pior negócio que ele já fez. Nunca fez sentido', diz um ex-executivo sênior da News Corp. 'Ele não tinha nenhuma justificativa para comprá-lo – ele só o queria'" (SHERMAN, 2010).

Aqueles que pensam que a idade diminuirá o apetite de Murdoch por negócios e construção de impérios provavelmente deveriam olhar para o passado em busca de um guia para o futuro; parece provável que a única coisa que o impedirá é o túmulo ou uma doença que o leve ao túmulo. Ele é o magnata arquetípico para quem nada é suficiente. Para ele, tudo é sobre o próximo passo e o próximo negócio.

No entanto, apesar de toda a atividade de Murdoch nos Estados Unidos, o que está acontecendo do outro lado do Atlântico é igualmente interessante, se não mais. Suas táticas mais recentes visam abordar o problema que a internet trouxe aos mercados de jornais – globalmente, mas em particular nos Estados Unidos e no Reino Unido. Como os títulos ao redor do mundo têm tido dificuldades com os problemas simultâneos de diminuição das receitas de publicidade e estão dando seu conteúdo gratuitamente online, apenas Murdoch começou recentemente a cobrar por títulos *mainstream*.

Em junho de 2010, o *Times* e o *Sunday Times* (dois dos jornais de "qualidade" mais conhecidos e mais lidos no Reino Unido) começaram a cobrar os leitores online pelo conteúdo. Essa foi uma medida extraordinariamente ousada, já que os únicos títulos que fizeram esse modelo funcionar até agora são o *Financial Times* e o *Wall Street Journal*, ambos considerados casos especiais (as notícias de negócios são uma área especializada, e as empresas, muitas vezes, pagam as assinaturas com prazer). Mas, com o *Times*, Murdoch está competindo com outros três grandes jornais do Reino Unido (e possivelmente o *Daily Mail*), todos os quais oferecem um produto muito semelhante e são gratuitos. Ele está apostando que, para onde for, os outros o seguirão. Se estiver certo, o homem que tantos castigaram por arruinar jornais ao longo dos anos pode vir a ser o seu salvador.

A revista *Time* descreveu Murdoch como "o mais recente e o último dos grandes magnatas da mídia... homens que amavam suas propriedades e as usavam para fazer fortunas e influenciar a política e a sociedade", mas o artigo dizia: "ao contrário de seus contemporâneos, Murdoch tem sido capaz de ver o que vem pela frente" (POOLEY, 2007). Essa afirmação é provavelmente tão precisa quanto pode chegar a ser um resumo de duas linhas a respeito de Murdoch, e é uma frase que aqueles que o ignoram fariam bem em se lembrar.

REFERÊNCIAS E LEITURAS ADICIONAIS

BBC. Perfil de Rupert Murdoch.
BBC. "Interview with Dennis Potter", 31 jun. 2002.
POOLEY, Eric. "Exclusive: Rupert Murdoch speaks", *Time*, 28 jun. 2007.
ROBINSON, James. "Rupert Murdoch, protector of the printed word", *Observer*, 9 ago. 2007.
SHERMAN, Gabriel. "The raging septuagenarian", *New York Magazine*, 8 mar. 2010.
SYDNEY MORNING HERALD. "Murdoch told: live and let dye go", 9 mar. 2010.
MARCH WALKER, Andrew. "Rupert Murdoch: bigger than Kane", *BBC*, 31 jul. 2003.
WOLFF, Michael. "Tuesday with Rupert", *Vanity Fair*, out. 2008.

10
Peter Drucker

Quando Peter Drucker morreu em 2005, aos 95 anos, os tributos chegaram rapidamente. Jack Welch disse: "O mundo sabe que ele foi o maior pensador de administração do século passado", enquanto o guru de administração Tom Peters o descreveu como "o criador e inventor da gestão moderna". Esses dois praticamente deram o tom: não havia quase ninguém que tivesse uma palavra ruim a dizer sobre Peter Drucker – e ele atraiu seguidores de todas as esferas da vida. Seus fãs variam de Karl Rove e George W. Bush a Andy Grove, da Intel, Winston Churchill e Bill Gates.

Quando Drucker começou a filosofar sobre administração no final dos anos 1940 e início dos anos 1950, a administração moderna como disciplina não existia realmente e os gerentes não tinham o kit de ferramentas necessário para lidar com o número crescente de corporações multinacionais. Drucker deu-lhes isso, mas a história dele também é muito maior. É a história da própria corporação moderna (ele cunhou os termos "trabalhadores do conhecimento" e "gestão por objetivo"), e a sua história acompanha o capitalismo ocidental, desde os anos 1950 e 1960 até a desilusão, cinismo e interesse próprio dos anos 2000.

Drucker é um pouco peculiar quando o assunto é administração. Em um campo que é notoriamente propenso a tendências e modas (em grande parte, suspeita-se, por causa da escassez de teorias preditivas verdadeiramente sólidas), o pensamento de Drucker foi reverenciado e continua a ser reverenciado; na verdade, o próprio Drucker via a administração não como uma ciência, mas como uma arte liberal. Não é difícil (especialmente depois da crise bancária) encontrar pessoas que afirmem que Drucker é tão relevante quanto sempre foi. É claro que nem tudo o que ele disse ou escreveu foi ótimo – e parte era totalmente sem sentido – mas, como o *Economist* observou uma vez, "Mesmo quando ele estava errado, tinha uma forma de provocar reflexões".

Ele também era um intelectual consumado e uma espécie de homem da renascença, e o vasto corpo de conhecimento que ele acumulou em um grande número de campos tanto informou e iluminou seu pensamento de gestão quanto fez do que ele dizia ainda mais convincente. Ele era lendário pela amplitude de suas influências culturais: não era incomum encontrá-lo citando referências de Bizâncio a Jane Austen. Anos após a sua morte, ele ainda comanda seguidores que se assemelham a um culto. Há sociedades Peter Drucker em todo o mundo. Conferências para discuti-lo continuam sendo realizadas e livros sobre ele ainda são publicados.

Muito do que formou Drucker foi o seu passado. Ele nasceu em 1909 em Viena, quando a cidade era um grande centro cultural. Seu pai era um funcionário público sênior, e sua mãe tinha estudado medicina. Era uma casa de classe média-alta cheia de intelectuais. Ele conheceu Sigmund Freud quando criança, e o economista Joseph Schumpeter era um amigo da família. Essa exposição precoce a gigantes em tantos campos é amplamente creditada por transformá-lo, como mencionado previamente, em uma espécie de homem da renascença. Seu biógrafo Jack Beatty (2005) escreveu: "Como o 'Mr. Kurtz' de Conrad, toda a Europa fez parte da criação de Peter Drucker".

Depois de se formar na escola acadêmica local, Drucker mudou-se para Hamburgo, onde trabalhou como balconista enquanto estudava à noite na Universidade de Hamburgo. Em 1929, encontrou emprego na filial de Frankfurt de uma empresa da Wall Street e transferiu-se para a Universidade da cidade. Ele também se juntou ao maior jornal diário da cidade (o *Frankfurter General-Anzeiger*) como jornalista financeiro; um ano depois, era chefe de negócios e negócios estrangeiros (ainda que a sua carreira incluísse também a edição da coluna feminina). Apesar de ser tão jovem, ele até entrevistou Hitler. Em 1931, formou-se doutor em direito internacional aos 22 anos. Um ano depois, publicou um panfleto sobre Friedrich Julius Stahl, um filósofo conservador alemão desaprovado pelos nazistas. Foi concebido para antagonizar, e o fez. O governo nazista proibiu-o e queimou cópias. Pouco depois, Drucker percebeu que precisava deixar a Alemanha e mudou-se para o Reino Unido.

Ele encontrou trabalho como analista de títulos em Londres e, enquanto estava no Reino Unido, assistiu às palestras de John Maynard Keynes em Cambridge. Isso despertou uma importante constatação – que, enquanto os economistas estavam interessados no comportamento das moedas, das commodities e assim por diante, ele estava interessado em como as pessoas agiam. Drucker não estava muito apaixonado por Londres. Ele achou a cidade antiquada, e ela lembrava-o demais de Viena. Em 1937, mudou-se para os Estados Unidos para atuar como correspondente de um grupo de jornais.

Em 1939, publicou seu primeiro livro, *The end of economic man: the origins of totalitarianism*. Três anos depois, ingressou na Bennington College, em Vermont, como professor de política e filosofia. Em 1943, publicou um segundo livro, *The future of industrial man*. Isso chamou a atenção da General Motors (GM), que o convidou a passar dois anos estudando a empresa. A GM abriu suas portas para Drucker – ele tinha acesso do chão da fábrica até a sala de reuniões. Quando Drucker propôs que ele podia escrever um livro sobre gestão, os patrocinadores da GM ficaram surpresos: eles não acreditavam que ninguém iria ler. Um dos patrocinadores disse: "Não vejo ninguém interessado num livro sobre gestão". O livro que resultou, *The concept of the corporation*, foi o trampolim de Drucker para a grandeza. Apesar de ter introduzido muitos conceitos novos, os dois mais importantes foram o empoderamento e a ideia de trabalhadores do conhecimento. Com o primeiro, o modelo de gestão de comando e controle parecia estar nos seus últimos dias, a descentralização estava se popularizando, e Drucker era o homem para articular que, para que ele funcionasse, você tinha de "afrouxar as rédeas" dos funcionários. Com o último, ele antecipou a mudança do trabalho pesado para o trabalho intelectual nas economias avançadas do Ocidente. O livro foi um best-seller, embora, curiosamente, o então presidente da GM, Alfred Sloan, o odiasse, a ponto de se recusar a reconhecer sua existência.

Em 1950, Drucker se tornou professor de gestão na New York University Business School, e, em 1954, publicou *The practice of management*. Isso estabeleceu três dos seus preceitos mais conhecidos: Qual é o nosso negócio? Quem é o nosso cliente? O que o nosso cliente considera ser o valor? O livro também é creditado por introduzir a ideia de gestão por objetivo. Drucker ficou conhecido por suas previsões – foi na década de 1950 que ele disse que a TI mudaria a face dos negócios e que o Japão se tornaria uma superpotência econômica global. Isso soa pouco notável agora, mas isso foi quando o Japão era amplamente visto como um fabricante de bens de segunda classe – e, além disso, Drucker também previu a queda do país após 1990.

Ao longo da década de 1960, ele continuou a ensinar e publicar na Universidade de Nova York, ganhando a Menção Presidencial da universidade, seu maior prêmio. Em 1971, mudou-se para a Claremont Graduate School, na Califórnia, e em 1975 começou a coluna que escreveria para o *Wall Street Journal* por vinte anos. Entre 1970 e 1980, publicou uma média de pouco menos de um livro por ano – esse ele descreveu como seu período de maior produtividade. Talvez de forma mais impressionante, em 1974, as vendas do seu livro *Administração: tarefas, responsabilidades, práticas* ultrapassaram *Os prazeres do sexo* do Dr. Alex Comfort. Até então, Drucker estava sendo aclamado como um guru, mas ele costumava brincar: "Eu tenho dito por muitos anos que usamos a palavra 'guru' apenas porque 'charlatão' é muito longo para caber em uma manchete".

Drucker também foi um consultor que trabalhou com muitos nomes conhecidos dos Estados Unidos do pós-guerra. Empresas como a GE, Coca-Cola, IBM e Intel foram colocadas sob seu microscópio, e ele estava sempre pronto para oferecer conselhos francos sobre onde eles estavam errando, mas geralmente fazia isso de uma maneira que sugeria compreensão e empatia, em vez de enfrentamento. Também trabalhou com governos e organizações sem fins lucrativos, muitas vezes de graça, e previu a ascensão da organização sem fins lucrativos como uma forma de fornecer um tipo de satisfação que a maioria das empresas falhava em fornecer. Foi também na década de 1980 que Drucker começou a notar outra tendência perturbadora – a ganância executiva. Como escreveu à *Businessweek* (BYRNE, 2005):

> Em um ensaio de 1984, ele persuasivamente argumentou que o pagamento dos CEOs tinha disparado, estando fora de controle, e implorou aos conselhos de administração para manter a compensação dos CEOs a não mais de vinte vezes o que os empregados comuns ganhavam. O que o enfureceu particularmente foi a tendência dos gerentes corporativos de colherem lucros massivos enquanto demitiam milhares de seus trabalhadores. "Isso é moral e socialmente imperdoável", escreveu Drucker, "e vamos pagar um preço elevado por isso".

Isso pode ser visto como o início de um desencanto com os gerentes, posicionamento que cresceu no final de sua vida. À medida que a remuneração dos executivos crescia e a ideia de que o negócio deveria ter um propósito para além dos lucros cessava, Drucker ficou amargamente desiludido. Ele acreditava que os gestores de má qualidade estavam sendo excessivamente recompensados à medida que cortavam e queimavam o seu caminho através da força de trabalho. Drucker sempre considerou os gerentes como heróis. Agora, ele os criticava e não gostava mais do que via.

Esta é provavelmente a razão pela qual, no hipercapitalismo do final dos anos 1990 e início dos anos 2000, alguns começaram a descartar Drucker como um homem cujo tempo já passara. Em 1997, ele disse: "Na próxima crise econômica, haverá um surto de amargura e desprezo pelos super-homens que se pagam milhões". Ele estava parcialmente certo – houve um surto de desprezo e amargura, embora ele não tenha conseguido prever quão desfocado e deslocado seria essa raiva. No entanto, a crise fez com que muitos que tinham dúvidas percebessem que era Drucker, e não os CEOs, que tinha razão. Além disso, ele praticava o que pregava e, apesar da riqueza que o seu trabalho lhe trouxe, tinha pouco tempo para o materialismo. Aqueles que o visitavam em casa muitas vezes comentavam o quão modestamente vivia. Drucker morreu em 2005 de causas naturais, pouco antes do seu 96º aniversário. Continuou a trabalhar e publicar até o fim – de fato, o seu último livro saiu após a sua morte.

Claro que Drucker não era perfeito. Como Simon Caulkin (2005), o então editor de gestão do *Observer*, escreveu no seu obituário:

> Entre suas outras estreias, ele inventou não só a importância da gestão, mas também, talvez inevitavelmente, a importância dos gestores – com consequências menos favoráveis. Como Chris Grey, da Judge Business School, aponta, Drucker era o único de seu tempo e lugar, e quando, nas décadas de 1950 e 1960, apresentou aos gerentes corporativos o espelho lisonjeiro de si mesmos como novos heróis culturais e econômicos, eles ficaram deslumbrados com o que viram.

Outras críticas amplamente vistas como justas incluem a acusação de que ele era muito melhor nas grandes organizações do que nas pequenas, a ponto de ignorá-las, e que a gestão por objetivo foi, em geral, abandonada. Ainda assim, comparado com o legado que ele deixou, essas são pequenas queixas. Ele foi o primeiro e o maior dos pensadores de gestão e um intelectual genuíno, que poderia ter tido sucesso em qualquer campo. Em 1996, o *McKinsey Quarterly* escreveu: "Peter Drucker é o único guru perante ao qual outros se ajoelham". Isso continua a ser verdade. E como o *Economist* disse em 2009: "A razão mais importante pela qual as pessoas continuam a reverenciar Drucker... é que a sua escrita permanece surpreendentemente relevante".

REFERÊNCIAS E LEITURAS ADICIONAIS

BEATTY, Jack. "The education of Peter Drucker", *Atlantic*, dez. 2005.
BYRNE, John A. "The man who invented management", *Businessweek*, 28 nov. 2005.
CAULKIN, Simon. "Putting the man into manager", *Observer*, 20 nov. 2005.
Drucker School, Claremont Graduate University. Biografia de Drucker e sua linha do tempo disponíveis no site da Claremont University.
ECONOMIST. "Remembering Drucker", 21 nov. 2005.
ECONOMIST. "Peter Drucker: trusting the teacher in the grey-flannel suit", 24 nov. 2005.
ECONOMIST. "Remembering Drucker", 19 nov. 2009. Disponível em: www.economist/node/14903040?story_id=14903040.
MICKLETHWAIT, John; WOOLDRIDGE, Alan. "Drucker: the guru's guru". In: *McKinsey Quarterly*, 22 jun. 1996.
STARBUCK, Peter. "Obituary: Peter Drucker", *Guardian*, 14 nov. 2005.
STERN, Stefan; "Drucker's ideas stand the test of time", *Financial Times*, 24 nov. 2009.
SULLIVAN, Patricia. "Management visionary Peter Drucker dies", *Washington Post*, 12 nov. 2003.

11

INGVAR KAMPRAD

A criação de Ingvar Kamprad – a gigante do mobiliário de pronta montagem, IKEA – é a exportação mais conhecida da Suécia. De fato, é justo dizer que, se você pedisse a muitas pessoas que nomeassem uma empresa sueca, a IKEA seria a única de que conseguiria lembrar. Tal como acontece com muitos dos seus companheiros de jogo, a influência de Kamprad vai muito além do mero sucesso comercial, para a nossa própria cultura e para a forma como vivemos as nossas vidas. Na verdade, a IKEA tem sido a maior influência na forma como mobiliamos as nossas casas nas últimas duas décadas – é provável que você tenha um artigo IKEA em sua casa em algum lugar – e os seus efeitos estão por toda parte, desde o óbvio ao obscuro. Sob um espectro, a dificuldade de montar um item IKEA em casa é uma piada fixa em stand-up comedy, e no outro, a estética minimalista e moderna popularizada pela empresa é amplamente creditada por destruir o mercado outrora dinâmico de antiguidades no Reino Unido. O homem por trás de tudo isso, Ingvar Kamprad, é uma mistura interessante – ele é extraordinariamente frugal e um alcoólatra, teve um flerte juvenil com o nazismo, tem uma ética de trabalho quase calvinista e, talvez acima de tudo, é o chefe de uma empresa que pode ocasionalmente parecer um culto religioso dedicado aos móveis de pronta montagem.

Ingvar Kamprad nasceu em 30 de março de 1926 em Småland, no sul da Suécia, e cresceu numa fazenda chamada Elmtaryd. De acordo com a lenda de Kamprad, o jovem Ingvar, como adolescentes do mundo todo, era propenso à preguiça e tinha uma profunda aversão ao leite, o que o levou a explorar outras formas de ganhar a vida. O seu primeiro negócio envolvia a venda de fósforos. Ele percebeu que, se os comprasse por atacado em Estocolmo, poderia vendê-los a seus vizinhos a um preço considerado barato e ainda assim ter um lucro saudável. Logo ele tinha diversificado suas vendas em canetas, lápis, decorações e muito mais. Quando Kamprad tinha dezessete anos, em 1943, seu pai lhe deu uma soma em dinheiro como recompensa pelo seu desempenho escolar, e ele a usou para criar uma empresa à qual chamou IKEA – o nome vem das suas iniciais, do nome da fazenda e do nome da aldeia local, Agunnaryd. A primeira linha de produtos da empresa consistia em pequenos bens de consumo.

Em 1946, Kamprad publicou seu primeiro anúncio de jornal (para canetas esferográficas) e, em 1948, construiu seu primeiro armazém, um galpão na fazenda da família. As mercadorias eram entregues por caminhões de leite. O mobiliário de produtores locais foi introduzido em 1948, e em 1951 apareceu o agora icônico catálogo. Na época, como hoje, não custava nada aos clientes. A empresa abriu um *showroom* em 1953, e, em 1955, começou a desenhar os seus próprios móveis – isso em resposta à pressão dos concorrentes sobre os fornecedores para boicotar a IKEA. Um ano depois, chegou o primeiro item de pronta montagem, a mesa Lovet. O conceito de pronta montagem foi alcançado por acidente – um trabalhador retirou as pernas da mesa para colocá-la em um carro sem danos. Em 1958, a primeira loja abriu na cidade de Almhult – com 6.700 metros quadrados, era a maior loja de mobiliário da Suécia. Dois anos mais tarde, a empresa abriu o seu primeiro restaurante na loja, servindo a sua principal marca de não móveis – almôndegas. Em 1965, abriu uma loja de 31 mil metros quadrados em Estocolmo; logo havia um armazém self-service.

Nos anos 1970 e 1980, a empresa expandiu-se por toda a Europa; em 1985, abriu a sua primeira loja na Filadélfia; e, em 1987, estava no Reino Unido. A fórmula tem sido um sucesso retumbante – em 2008, a empresa tinha 253 lojas controladas diretamente e mais de meio bilhão de compradores visitando as lojas durante o ano. Kamprad retirou-se da administração em 1986 para se tornar conselheiro do grupo mãe da empresa, a INGKA Holdings, embora, como veremos, isso não seja exatamente aposentadoria no sentido tradicional, e o grau de controle que Kamprad exerce sobre a empresa ainda é uma questão de especulação. Como o site da empresa observa de forma elíptica, "Ingvar Kamprad nunca abandonou a sua 'família'. Ele trabalha incansavelmente como conselheiro da gestão sênior e continua a estabelecer um bom exemplo nas suas viagens IKEA pelo mundo, inspirando os colegas de trabalho e provando entusiasticamente que nada é impossível. Ingvar Kamprad nunca perdeu de vista a sua visão de criar uma vida cotidiana melhor para muitas pessoas".

Se isso soa quase religioso para você, isso não é surpreendente: muitos que estudaram a IKEA notaram que ela parece estar entre uma loja de móveis e uma religião, com Kamprad como o sumo sacerdote. Ele é famoso por uma ética de trabalho que advém de crescer em uma fazenda em uma parte do mundo com solos pobres e rochosos, clima frio e invernos longos e escuros. Ele é lendário pela sua frugalidade – voa de econômica, compra legumes na parte da tarde, pois é quando eles são mais baratos, e dirige um velho Volvo. Ele também quer que seus funcionários façam o mesmo: eles são usados como modelos de catálogo, e espera-se que os gerentes compartilhem quartos de hotel; ele até espera que os funcionários usem os dois lados de uma folha de papel. "Como eu posso pedir às pessoas que trabalham para mim para viajarem barato se eu estou viajando no luxo? É uma questão de boa liderança." Agora, já na casa dos oitenta anos, ele ainda faz visitas surpresa a lojas e abraça funcionários, em quem, muitas vezes, inspira devoção. Você poderia argumentar que essa visão de autossuficiência e economia estende-se aos seus clientes: as lojas IKEA são famosas como locais onde o cliente faz o trabalho.

O próprio Kamprad pouco faz para dissipar a ideia de que a IKEA tem conotações religiosas. Normalmente, ele é reservado e tímido nas entrevistas, e vive uma vida reclusa na Suíça. Quando faz pronunciamentos formais, eles não são o que se esperaria de um CEO. Num documento de 1976, intitulado "O testamento de um comerciante de mobiliário", descrevia os seus "nove mandamentos", com a ênfase habitual na poupança, autossuficiência, humildade, simplicidade e perpetuação do "espírito IKEA". Em 1999, com o jornalista sueco Bertil Torekull, expandiu essas ideias num livro chamado *A história da IKEA*, que era metade autobiografia, metade filosofia corporativa. Na sua resenha, o *Guardian* disse:

> A visão de Kamprad é realmente religiosa: a empresa existe para melhorar não só a vida das pessoas, mas também as próprias pessoas. A autossuficiência é a palavra de ordem: você encontra o seu próprio caminho pela loja e seleciona o produto com mínimo de assistência. Depois o leva até o caixa e ao carro. Em casa, o monta você mesmo. A empresa não faz isso só porque mantém os custos (e, portanto, os preços) baixos, mas porque é bom para você. Faz de você uma pessoa melhor.

Mas essa dedicação por fazer as coisas você mesmo é a razão pela qual você pode comprar uma xícara de café muito barata, e você só tem que analisar para as vendas da IKEA para ver que a maioria das pessoas estão mais felizes em pagar menos por menos. A tiragem do catálogo da IKEA, que é de centenas de milhões, ultrapassa a da Bíblia. A loja é tão popular que, em uma inauguração no Reino Unido, no norte de Londres em 2005, cinco pessoas foram hospitalizadas na debandada para entrar; um ano antes, quando uma loja na Arábia Saudita ofereceu vales de crédito de 150 dólares, três pessoas foram mortas na pressa de entrar. É claro que você vê frenesi semelhante de consumidores em outros lugares – notavelmente nas lojas da Apple – quando outra empresa que, às vezes, é comparada a um culto lança novos produtos. Houve também outras lojas de móveis modernos com foco no design – como a Habitat, sediada no Reino Unido. Mas tanto a Apple quanto a Habitat produzem bens caros que fazem delas uma proposta de classe média, enquanto a IKEA é realmente para todos; de fato, a empresa até vende casas prontas para montagem.

A IKEA também tem seus críticos. Alguns dizem que a versão democratizada de estilo da empresa não é realmente estilo e que a empresa oferece o equivalente em design ao fast-food. Escrevendo no *Times* (30 de maio de 2010), o franco crítico de design Stephen Bayley disse que "A IKEA globalizou uma versão cafona da cultura que a alimentou"; ele também descreveu o seu design como medíocre. Há muitas pessoas que se queixam de que a IKEA estendeu efetivamente o conceito descartável ao mobiliário – quando se muda de casa, diz a lógica, não vale a pena levá-los consigo e, mesmo que o fizesse, eles provavelmente não sobreviveriam o transporte. Ainda na frente do design, muitos odeiam suas vastas lojas "big-box" que, com sua pintura em azul e amarelo característica, devem contar como algumas das estruturas mais feias e menos harmoniosas que alguma vez se viu numa paisagem. Além disso, como exemplo de uma varejista fora da cidade, a IKEA encoraja a dependência do automóvel e destrói pequenas empresas, de acordo com os críticos.

Houve outras alegações também. A cadeia de suprimentos da empresa tem estado sob mira em várias ocasiões, com acusadores afirmando que o preço final de estantes e mesas baratas é sustentado pelo meio ambiente e pelos cidadãos do Terceiro Mundo; em 2009, a empresa foi adicionada ao Hall da Fama da Sweatshop[1] pelo Fórum Internacional dos Direitos do Trabalho. A empresa tomou medidas para resolver esses problemas, mas muitos ainda dizem que a IKEA aceita tantas críticas quanto tem de aceitar e que a sua falta de transparência torna difícil saber se ela está ou não resolvendo os problemas como deveria.

---

[1] Termo que caracteriza fábricas que exploram mão de obra com péssimas condições de trabalho, pagamento baixo e horas excessivas.

As maiores críticas têm sido quanto à complicada estrutura societária da empresa, que é a própria definição de opacidade. O grupo IKEA é propriedade da Stichting INGKA Foundation, um fundo de caridade holandês, que o *Economist* calculou valer 36 bilhões de dólares em 2006; isso faria dele o maior grupo do tipo do mundo, maior até do que a Fundação Bill & Melinda Gates. No entanto, suas doações diferem da simples filantropia da Fundação Gates na medida em que as doações aparentes que a Fundação Stichting INGKA faz são minúsculas em comparação aos seus ativos e renda. Ainda mais confuso, a marca registrada e a marca IKEA são propriedade da Inter IKEA Systems, que é uma empresa holandesa diferente – e assim por diante, através de várias holdings, até uma conta no Caribe, cujos beneficiários não precisam ser divulgados. Sem surpresa, a IKEA recusa-se a comentar tudo isso. Em 2006, o *Economist* escreveu:

> O que emerge é um elemento que explora engenhosamente as peculiaridades de diferentes jurisdições para criar uma caridade dedicada a uma causa bastante banal [design de interiores], que não é apenas a fundação mais rica do mundo, mas no momento também uma das menos generosas. A configuração geral da IKEA minimiza os impostos e a transparência, recompensa generosamente a família fundadora, Kamprad, e torna a IKEA imune a uma aquisição.

Kamprad disse que uma das razões que o levaram a não tornar a empresa pública foi não querer se sentir responsável por forasteiros. Ele não estava brincando.

Há também outros esqueletos muito mais pessoais em seu armário. Em 1994, um jornal sueco revelou que, entre os 16 e os 25 anos de idade, Kamprad estava envolvido num grupo de extrema-direita sueco e era amigo do líder do movimento, Per Engdahl, um simpatizante nazista – ao ponto de o convidar para o seu primeiro casamento. Kamprad escreveu a todos os funcionários explicando que tinha cometido um erro juvenil e que a família IKEA o perdoou. Ele disse: "Há poucas pessoas que tenham atrapalhado tanto a minha vida como eu mesmo."

Alguns têm sugerido que a sua imagem econômica de homem do povo pode não ser tudo o que parece. Ele possui um vinhedo e uma mansão na Suíça, onde vive como exilado fiscal; na verdade, apesar de toda a conversa sobre economia escandinava, a IKEA há muito tempo deixou de ser uma empresa sueca. Talvez a coisa mais extraordinária sobre esse homem incomum, é que ele é um alcoólatra confesso, embora um que para regularmente para descansar seu fígado e rins e afirma ter seu problema sob controle. Ele diz: "Eu fico seco três vezes por ano. O meu problema começou quando visitamos a Polônia nos anos 1960 para comprar materiais. Era quase obrigatório beber vodca com os contatos." Ele diz que não tem planos para deixar de beber porque "é um dos prazeres da vida".

Ainda assim, comparado a muitos dos empresários padronizados de hoje em dia, não há dúvida de que Kamprad é fascinante – e também não há dúvida de que a maioria de sua equipe tem muito carinho por ele e pela extraordinária empresa que ele construiu. O que exatamente vai acontecer quando esse homem, cuja personalidade faz da IKEA o que ela é, morrer, permanece a ser visto.[2] Ele disse que uma das razões por trás da complexa estrutura de propriedade é evitar disputas familiares: "Eu paguei muito dinheiro para proteger o que construí. Só posso esperar que o dinheiro tenha sido bem gasto" (*Independent*, 23 de julho de 2000).

REFERÊNCIAS E LEITURAS ADICIONAIS

BAILLY, Olivier; CAUDRON, Jean-Marc; LAMBERT, Denis. "Low prices, high social costs: the sins of the founder found out", *Le Monde Diplomatique*, 1 dez. 2006.
PERFIL DA BBC, Ingvar Kamprad.
CRAMPTON, Robert. "The home land: IKEA", *Times*, 7 jun. 2008.

---

[2] Kamprad morreu em janeiro de 2018, aos 91 anos. Ele havia se mudado de volta para a Suécia nos últimos anos de sua vida, mas, de acordo com jornalistas e membros da IKEA, havia perdido a maior parte dos seus direitos sobre a empresa para os três filhos.

ELLAM, Dennis. "He is the world's 4th richest man, yet he drives an old Volvo, flies easyJet and at 81 is an alcoholic who dries out three times a year", *Sunday Mirror*, 13 abr. 2008.
GUARDIAN. "Morality and meatballs", 17 jun. 2004.
GOLD COAST BULLETIN. "Man behind the flatpack", 13 jun. 2009.
HAGERTY, James R. "How to assemble a retail success story", *Wall Street Journal*, 9 set. 1999.
IKEA. Disponível em: www.ikea.com.
MCLUCKIE, Kirsty (2008). "Swede inspiration comes of age", *Scotsman*, 17 abr. 2008.
SWAIN, Gill. "The strange world of Mr Ikea", *Daily Express*, 12 fev. 2005.
THE ECONOMIST. "Ikea: flat packing", 13 maio 2006.
TIMES. "Profile: Ingvar Kamprad", 13 fev. 2005.
TRIGGS, John. "Flat pack king who's given us Swede dreams", 26 ago. 2003.

12
OPRAH

Você tem que começar em algum lugar, e pode muito bem ser como apresentadora de um *talk show*, já que essa é a rota que Oprah Winfrey tomou para a fama e fortuna. Mas ela é muito mais do que isso. Oprah é provavelmente a mulher mais poderosa dos Estados Unidos e talvez até do globo. Sua influência pode moldar as eleições num país tão poderoso, seu *talk show* é o mais bem classificado e mais conhecido da história. Ela é uma produtora e empresária que dirige um império enorme. Segundo a *Forbes*, é a pessoa negra mais rica do mundo – e foi, em certo ponto, a única bilionária negra. E, mesmo com tudo isso, ela é totalmente acessível, tem a habilidade de agradar a vários e é vista todos os dias em milhões de lares demonstrando empatia (muitas vezes até ao ponto das lágrimas) com pessoas comuns.

Nascida no Mississippi em 1954, Oprah era filha de uma mãe adolescente e um soldado e cresceu no tipo de pobreza e sofrimento que era comum no sul rural na época. Seus pais se separaram pouco depois que ela nasceu, e quando criança ela disse que usava vestidos feitos de sacos e mantinha baratas como animais de estimação. Ela era claramente muito brilhante, já que foi ensinada a ler por sua avó antes de ter três anos. Quando tinha seis anos, as suas circunstâncias já tão difíceis pioraram muito: ela se mudou para Milwaukee, no centro da cidade. Lá, foi violentada por um primo e um tio, e fugiu de casa aos treze anos. Aos catorze engravidou, mas a criança morreu pouco depois do nascimento.

Surpreendentemente a sorte de Winfrey mudou quando ela foi enviada para morar com seu pai, Vernon Winfrey, que acreditava em educação e disciplina. Na East Nashville High School, ela começou a brilhar em várias áreas. Era uma estudante de honra, uma talentosa oradora e uma atriz primorosa. Ganhou uma bolsa de estudos para a Tennessee State University e, aos dezessete anos, conquistou um concurso de beleza como Miss Fire Prevention. Como resultado, visitou uma estação de rádio local e onde lhe oferecido um emprego lendo as manchetes da tarde. Ela claramente tinha o que era necessário: aos dezenove anos, tornou-se a primeira apresentadora negra em Nashville.

Em 1976, mudou-se para Baltimore para apresentar o noticiário das seis horas. No início, foi um desastre. Ela passou por uma transformação estética mal aconselhada e até lhe foi pedido que mudasse o nome para Suzy, o que ela se recusou a fazer. Ela também não era a melhor jornalista de TV – achava difícil ser objetiva e, muitas vezes, envolvia-se emocionalmente com as matérias que deveria estar noticiando, chorando com histórias tristes. Logo, ela sofreu um raro revés: foi rebaixada de âncora de notícias para coapresentadora de um *talk show* matinal chamado *People Are Talking*, que foi exibido pela primeira vez em 1978. No entanto, como sabemos agora, isso acabou por ser uma bênção disfarçada que mudou sua vida. Como disse mais tarde, ela preferiu muito mais contar as histórias das pessoas do que relatar notícias objetivas: "Para mim, foi como respirar. Como respirar. Você só fala".

Quando se tratava de "apenas falar", Winfrey claramente conseguia fazê-lo. Em 1983, mudou-se para Chicago para apresentar o emblemático programa *AM Chicago*. Logo, ele se tornou o *talk show* mais assistido da cidade, ultrapassando o show número um de Donahue, e foi renomeado *The Oprah Winfrey Show*. Quando o guru da música

Quincy Jones a viu, arranjou uma audição com Spielberg; isso lhe rendeu o papel de Sofia em *A cor púrpura*, para o qual ela foi indicada a um Oscar. Em 1986, seu show se tornou nacional, e o sucesso que tinha desfrutado em Chicago foi repetido em todo o país. Um ícone americano tinha sido criado.

Para compreender por que Oprah foi um sucesso tão grande, é necessário lembrar que, no início dos anos 1980, os *talk shows* eram muito mais um ambiente masculino. A informalidade estava se infiltrando; Donahue havia sido pioneiro na técnica de andar e falar com o microfone pelo palco, o que quebrou as barreiras físicas entre o anfitrião e o público, mas foi Oprah quem desmantelou as barreiras emocionais. Embora ela seja muito inteligente no sentido acadêmico, sua inteligência emocional deve estar fora da escala. Ela tem um calor natural, uma empatia incrível e uma compreensão instintiva da natureza humana – as pessoas simplesmente querem se abrir para ela. Mesmo que o programa seja transmitido para um público global de milhões de pessoas, as discussões entre anfitrião e convidado mantêm a sensação íntima de dois amigos conversando.

Além disso, Oprah expõe seu coração. Suas revelações sobre si mesma ajudaram a torná-la ainda mais real. Com um passado tão difícil, ela pode realmente ter empatia com pessoas que estão passando por períodos terríveis em suas vidas – não há nada de falso sobre isso. Além disso, a franqueza sobre a batalha vitalícia com seu peso, que tem se desdobrado de forma muito visível ao longo dos anos, aproximou-a muito de sua esmagadora audiência feminina; a vergonha que ela sente sobre seu peso ioiô é real. Na verdade, um famoso "momento Oprah" ocorreu em 1988, quando ela trouxe um carrinho infantil para o palco, carregando 67 quilos de gordura para demonstrar o que tinha perdido. Oprah também tem uma determinação incrível e precisa dela. Com cerca de duzentos episódios por ano, não é como se ela tivesse muito tempo livre, e isso sem contar suas inúmeras outras atividades de negócios ou aparições.

Talvez vale a pena mencionar aqui que, sete anos depois de Oprah ter se lançado no mundo, outro *talk show* extremamente influente, *The Jerry Springer Show*, também fez a sua estreia em Chicago. Na verdade, por um tempo, os dois pareciam estar trancados em uma batalha dos programas de bate-papo. Na década de 1990, ela disse que lamentava a direção vulgar que os bate-papos estavam tomando e que ela não ia tentar "ser mais Jerry que o Jerry".

Oprah tem inteligência de negócios, bem como uma certa emotividade. Percebendo que com a sua popularidade veio o poder, ela decidiu tornar-se a CEO do produto que era a Oprah em vez de simplesmente receber um salário muito alto. Em 1986, criou a Harpo Productions (Harpo é Oprah soletrado ao contrário) e assumiu o controle do programa. No mesmo ano, o programa foi sindicalizado em todo o país e ganhou 163 milhões de dólares. A sua parte era de 39 milhões de dólares. Ela atribuiu isso a ter um advogado inteligente na época, dizendo que nunca pensou que tal controle fosse possível até que ele sugeriu: "Todo mundo precisa de alguém em sua vida que diga 'sim, você pode fazer isso'" (*Australian Women's Weekly*, 2005). Esse advogado inteligente, Jeff Jacobs, ainda está com ela como presidente da Harpo – e é a mente pouco vista por trás da marca.

Desde então, a influência, o alcance e a fortuna da Oprah cresceram enormemente, e não há dúvida de que muito disso tem sido para o bem. Seu clube de livros é famoso por convencer os espectadores de *talk show* – que não são conhecidos pelo gosto da leitura – a ler, e muitas de suas recomendações estão longe de ser romances pulp e sensuais. Quando ela recomendou *A canção de Solomon*, de Toni Morrison, ele vendeu mais em três meses do que em vinte anos. Quando as memórias do autor James Frey, *Um milhão de pedacinhos*, revelaram-se tanto uma obra de ficção quanto factual, a reação de Oprah e a briga pública com Frey deixaram a nação – até mesmo o mundo – transfixada. Na verdade, tal é o poder da Oprah que mesmo não aparecer em seu show pode impulsionar as vendas. A obra *As correções*, de Jonathan Franzen, foi selecionada para ser uma indicação; então, em uma entrevista, ele expressou preocupação que ser uma escolha de Oprah iria alienar os leitores masculinos. Seu convite para aparecer no programa foi rescindido, e o circo que foi armado chamou muita atenção para o livro, que se tornou um enorme sucesso de vendas. Numa cerimônia de entrega de prêmios posterior, Franzen agradeceu a Oprah.

Os maiores momentos da TV de Oprah parecem uma litania dos maiores sucessos da cultura popular. Quando Michael Jackson concordou com uma entrevista rara com ela em 1993, foi um dos programas de televisão mais vistos da história. Em 2004, ela deu um carro a cada membro da audiência do estúdio – o custo dos carros era pequeno em comparação com a publicidade que gerava. Em 2005, Tom Cruise ficou louco na frente de Oprah, primeiro saltando pelo sofá e depois declarando seu amor eterno por Katie Holmes. E, em 2010, quando Sarah Ferguson se envolveu em um desonroso escândalo jornalístico, ela procurou Oprah como confessora e redentora.

Mas nem tudo é trivialidade e bobagens como da revista *People*. Ela tem abordado o racismo no Sul dos Estados Unidos e, em 1993 foi fundamental para a aprovação da Lei Nacional de Proteção à Criança, que defendia a criação de uma base de dados nacional de abusadores de crianças condenados – quando foi assinada, a lei foi amplamente referida como "Lei da Oprah". A sua capacidade de avaliar o estado de espírito nacional é notável. No rescaldo do furacão Katrina, ela foi direto para Nova Orleans e ouviu as histórias dos sobreviventes – simpatizou-se com eles (pois o presente deles é seu passado) e entrou no inferno do Superdome, exigindo que algo fosse feito. Sua reação foi contrastada muito favoravelmente com a de George W. Bush, que fez pouco mais do que um sobrevoo à cidade.

Mas ela é mais do que apenas um espelho do espírito nacional. Oprah nada frequentemente contra a maré, e com grande efeito. Por exemplo, em um país onde a direita cristã muitas vezes parece ter um domínio sobre o discurso público populista, ela tem sido uma defensora dos direitos LGBT. Talvez o seu ato mais influente da história, porém, tenha sido na arena política. Ela se colocou muito cedo em apoio a Barack Obama – quando seu nome era mais conhecido do que o dele –, e o efeito Oprah é amplamente creditado por ser um fator-chave em sua vitória sobre Hillary Clinton nas eleições primárias. Seu apoio a ele não foi sem controvérsia ou custo para ela também – muitas de suas fãs femininas chamaram de traição quando ela o endossou antes de Clinton.

Curiosamente, se há um setor que Oprah tem tido dificuldade para alcançar, é o sexo masculino. O formato e o conteúdo de seu show são ambos famosos por ser algo que os homens realmente não entendem. Muito depois que ela se tornou um sucesso surpreendente, seu resultado entre os homens permaneceu baixo, e eles tenderam a banalizar o que ela fez. O que acabou fazendo com que o sexo injusto a levasse a sério foi a sua enorme riqueza – e a sua enorme capacidade de afetar os acontecimentos nacionais, incluindo as eleições presidenciais.

Juntamente com a sua influência, o negócio também cresceu. Sua revista, O (em que estampa todas as capas), foi a startup de revistas mais bem-sucedidas e, atualmente, tem uma circulação de cerca de 2,5 milhões de exemplares; ela possui um pedaço da Oxygen Media, uma empresa de televisão a cabo destinada a mulheres; Oprah faz uma pequena fortuna ao discursar; e seu site desfruta de setenta milhões de visitas por mês. Em 2008, anunciou a Oprah Winfrey Network, uma joint venture com o Discovery Channel. Na base de tudo isso está a marca Oprah, com a sua mistura de empatia, crescimento pessoal e autodescoberta. E é uma marca que ela protege religiosamente – seja recusando todas as solicitações para endossar produtos ou fazendo com que os funcionários assinem acordos de não divulgação. Ela também manteve Harpo quase inteiramente para si – Oprah possui um pouco mais de noventa por cento da empresa, enquanto Jacobs possui pouco menos de dez por cento.

No entanto, isso não quer dizer que Oprah não tenha detratores, e as críticas a ela têm sido, em grande parte, esperadas. No que se refere aos meios de comunicação social, há alegações de que ela é responsável por emburrecer o público e tem uma obsessão por modismos banais de perda de peso, tagarelice e gurus de autoajuda, que, muitas vezes, são pouco mais do que charlatões. Os críticos também dizem que ela tende a pegar leve com celebridades e políticos dos quais gosta e que é responsável por promover e celebrar o tipo de incontinência emocional tipificado pela morte da princesa Diana. Previsivelmente, há também alegações de que ela não é bem a mulher do povo que ela diz ser e tem um gosto pela vida elevada.

Em 2010, a biógrafa Kitty Kelley, a chamada "primeira dama do escândalo", lançou a biografia de Oprah, a qual continha uma série de alegações mais substanciais; provavelmente as mais condenatórias dizem respeito ao fato de Oprah ser fria e manipuladora. Mas, no grande esquema das revelações das celebridades, são acusações fracas e não são suscetíveis de causar danos reais ao edifício imponente que é a marca Oprah. Além disso, o fato de que a maioria dos *talk shows* mais conhecidos dos Estados Unidos recusou a oportunidade de entrevistar Kelley sobre o livro é uma indicação da estima com que Oprah é considerada. A própria escritora foi muito franca sobre como a resposta foi um sinal do poder da Oprah. Ela disse: "Não acho por um momento que a Oprah pegou no telefone e disse: 'Barbara, não receba Kitty'. Ela não tem que fazer isso. Ela é poderosa a esse ponto."

Oprah anunciou recentemente a maior mudança de carreira para ela em décadas. Em 2009, disse que estaria terminando o Oprah Winfrey Show em setembro de 2011. Essa é provavelmente uma jogada muito inteligente da parte dela, pois, embora o programa continue incrivelmente popular, suas classificações caíram consideravelmente nos anos 2000, juntamente com todas as televisões de rede, já que a mídia se fragmentou. Em 2010, ela anunciou que iria apresentar seu próprio show noturno, chamado *Oprah's Next Chapter*, na Oprah Winfrey Network; isso seria um grande impulso para a rede. Mas alguns comentadores têm sugerido que uma carreira na política pode ser um segundo ato mais adequado para uma mulher que ainda está na casa dos cinquenta anos. Como Jon Friedman observou no website da MarketWatch, "Suspeito que Oprah tem sonhos maiores do que simplesmente ganhar mais um bilhão de dólares".

REFERÊNCIAS E LEITURAS ADICIONAIS

AUSTRALIAN WOMEN'S WEEKLY. "A woman of substance: the story of Oprah", 9 fev. 2005.
HARRIS, Paul. "You go, girl", *Observer*, 20 nov. 2005.
LEONARD, Tom. "The omnipotence of Oprah Winfrey", *Telegraph*, 13 abr. 2010.
PEARCE, Garth. "When it's not so good to talk", *Sunday Times*, 7 fev. 1999.
SELLERS, Patricia. "The business of being Oprah", *Fortune*, 1 abr. 2002.

13
SAM WALTON

Em termos de como um único varejista, na forma do Walmart, afetou a sociedade americana, redesenhou mapas e mudou a maneira como as pessoas vivem, Sam Walton realmente só tem Ray Kroc como rival. De fato, os efeitos dos dois – para o bem e para o mal – são notavelmente semelhantes. Ambos estão indissociavelmente ligados aos Estados Unidos suburbanos e centrados nos consumos que cresceram depois da Segunda Guerra Mundial. Ambos têm sido enormemente bem-sucedidos, mas deixaram muitos pensando no preço pago pela sociedade como um todo por esse sucesso. E ambos gostavam de se retratar como homens comuns, não afetados por suas enormes riquezas.

No caso de Walton, uma parte querida da sua imagem de "Mr. Sam" era que, mesmo quando valia milhões – e depois milhares de milhões – de dólares, ele ainda dirigia uma pick-up, que diziam que cheirava fortemente aos seus amados cães. Aqueles que visitavam a sede do Walmart eram frequentemente buscados pelo seu fundador e proprietário – nesse velho e distintamente fedido veículo. Quando um dos cães morreu em 1981, ele escreveu um tributo amoroso ao animal na revista da empresa e nomeou uma linha de comida para cães em homenagem a ele.

Sam Walton morreu em 1992 por cancro de sangue, com 74 anos, mas a empresa que leva seu nome é uma lista de superlativos. É o maior empregador privado dos Estados Unidos, onde também é a maior empresa por receita e o maior vendedor de mercearia; além de ser o maior varejista do mundo. É o maior empregador do México e um dos maiores do Canadá. É também uma das empresas mais controversas do mundo e tem atraído críticas consideráveis por tudo, desde seu histórico ambiental, passando por seu tratamento de funcionários, até sua destruição de economias de pequenas cidades.

Como convém a um gigante comercial americano, Sam Walton era um rapaz de cidade pequena. Nasceu em 1918 em Kingfisher, Oklahoma, e seus pais se mudaram para o Missouri logo depois. Filho do período da Depressão, cresceu em condições econômicas difíceis, em que seu pai, muitas vezes, lutava para colocar comida na mesa – e era esperado que o jovem Sam fizesse a sua parte. Essa foi uma das chaves de seu sucesso. Walton era, talvez acima de tudo, um homem muito, muito trabalhador. Ele trabalhava sete dias por semana, porque era isso que adorava fazer. Famosamente, quando estava morrendo de câncer, poucas semanas antes do fim, recebeu um gerente local do Walmart, para uma reunião sobre os números de vendas da loja, acamado no hospital. Muitos que o conheciam diziam que o trabalho de Walton era seu lazer.

Na escola, ele não era um aluno particularmente acadêmico, mas trabalhou duro o suficiente para conseguir notas decentes e era um bom esportista, brilhando no futebol e no basquete. Depois de se formar, estudou economia na Universidade de Missouri, onde entregou jornais para financiar sua graduação. Foi na faculdade que ele aprendeu outra grande lição: ser uma pessoa do povo. Walton queria se tornar o presidente do corpo estudantil – e seu *modus operandi* era muito simples. Ele falava com todos que via antes que falassem com ele – e em pouco tempo era o cara mais conhecido do campus e visto favoravelmente por seus colegas estudantes. Na universidade, também desenvolveu uma paixão pela aprendizagem, não importa o que estava fazendo ou onde estava. Tornou-se um grande crente no que os pensadores de gestão mais tarde renomeariam "aprendizagem ao longo da vida".

Walton se formou em 1940 e foi trabalhar para a J. C. Penney em Des Moines, Iowa. Ele disse que a forma como a empresa tratava seus funcionários (tinha um profundo interesse neles, suas opiniões e seu desenvolvimento) influenciou profundamente seu pensamento.

Ele durou dezoito meses lá, pois os Estados Unidos tinham entrado na guerra e ele teve de retornar ao Missouri para aguardar a indução no Exército. Entre 1942 e 1945, foi capitão do Corpo de Inteligência do Exército, estacionado nos Estados Unidos. Ele conheceu e casou com sua esposa em 1943 e tiveram quatro filhos.

Depois de ser dispensado em 1945, Walton abriu sua primeira loja em Newport, Arkansas. Era uma franquia Ben Franklin, o tipo de loja conhecida como *five and dime* (já que o preço típico de seus produtos era de cinco e dez cents). A empresa, que foi possivelmente o primeiro negócio de franquias dos Estados Unidos, foi nomeada em homenagem ao estadista do século XVIII, o cientista e pensador popular Benjamin Franklin, que cunhou a frase "Um centavo poupado é um centavo ganho". Ela ainda existe, apesar de não ser nada comparada ao Walmart.

Walton abriu sua loja em frente a uma loja mais estabelecida e, dentro de alguns anos, estava fazendo mais negócios do que seu concorrente. Em 1950, quando seu locador não conseguiu renovar o contrato, Walton pegou suas coisas e mudou a loja para Bentonville, Arkansas; ele escolheu a cidade porque achava que era um lugar agradável e que tinha potencial de crescimento. Acontece que tinha razão. Logo, ele possuía uma série de lojas na área e todos os seus filhos estavam trabalhando nelas. Mesmo na década de 1950, Walton já exibia as características que resultariam no maior varejista do mundo. Demonstrava um interesse pessoal em seus gerentes de loja e funcionários, que o viam como um chefe muito bom. Trazia um conjunto simples de regras de negócio e não tinha medo de experimentar.

Em 1960, Walton possuía mais de uma dúzia de lojas e era o maior franqueado de lojas Ben Franklin nos Estados Unidos. Ele estava nessa fase no início dos seus quarenta anos e se encontrava muito bem. Na verdade, tinha uma carreira que teria satisfeito muitos homens menos motivados, mas a sua ideia de negócios que mudaria o mundo não viria até que ele estivesse no fim dos seus quarenta anos. Não foi bem como uma última aposta, como no caso de Ray Kroc, mas Walton estava igualmente mostrando todos os sinais de um homem que era capaz de fazer muito melhor do que muitos de seus pares, mas que era improvável que mudasse o mundo.

No entanto, o mundo do varejo estava mudando muito rapidamente. Até a década de 1960, o modelo predominante para lojas de departamento e do tipo *five and dime* tinha um grande número de assistentes de loja que serviam os clientes individualmente. Embora muitos dos bens que vendessem fossem modernos, a maneira pela qual muitas lojas funcionavam realmente era algo que os vitorianos teriam reconhecido. Mas, no leste dos Estados Unidos, que era a parte mais moderna do país, duas tendências estavam se tornando populares: uma era as lojas de autoatendimento, e a outra era os descontos, o início da filosofia de "acumule e venda barato". Walton viajou pelo país para ver como o autoatendimento funcionava e abriu a primeira loja de autoatendimento na sua área, uma Ben Franklin. Curiosamente, apesar de Walton ter acreditado cedo no autoatendimento, ele sempre foi um grande campeão de serviço de qualidade. Um dos seus famosos ditados, conhecido como "a regra dos dez pés", é que você deve dizer "Como posso ajudá-lo?" a qualquer cliente que esteja a menos de dez pés de distância de você.

Walton também estava muito interessado em descontos. Essa ideia já era grande nas metrópoles, desenvolvida no leste, e Walton acreditava firmemente que poderia funcionar em mercados rurais menores, como o seu. Essas áreas tinham sido até agora ignoradas pelos grandes varejistas, que acreditavam que as populações rurais eram pequenas e espalhadas demais para valerem a pena. Walton, no entanto, pensava de forma diferente. Acreditava que, se ele desse descontos o suficiente, todos esses clientes espalhados encontrariam o caminho até ele.

O problema é que a gerência do Ben Franklin não tinha a mesma opinião. Walton viajou até a sede da empresa em Chicago para ouvir que não estavam interessados. Mas, se sua visita à cidade dos ventos pouco fez para persuadir o alto escalão da Franklin, fez muito mais para reforçar a crença de Walton de que ele estava certo. Enquanto estava em Chicago, visitou um dos primeiros Kmarts (outra grande cadeia de descontos dos EUA), e isso o convenceu de que, mesmo sem o apoio da Ben Franklin, o desconto era o caminho a seguir. Assim, em 1962, quando Walton já estava na casa dos quarenta anos, a história do Walmart propriamente dita finalmente começou. Ele abriu sua primeira loja Walmart em Rogers, Arkansas: Walton estava finalmente trilhando seu caminho.

Ele foi um grande expoente da escola de pensamento "Negócios não são um bicho de sete cabeças". Suas famosas dez regras para construir um negócio são principalmente senso comum. Esse foi o modelo que ele seguiu. Na década seguinte, ele se concentrou na área geográfica que conhecia e no que sabia. O crescimento foi deliberado, não particularmente rápido, e confinado ao Arkansas e aos estados vizinhos; os relacionamentos e a abertura foram enfatizados, e ele conhecia bem todos os seus gerentes de loja. Walton preferia visitar lojas a ficar preso na sede e era frequentemente encontrado no chão da loja, perguntando ao pessoal como estava correndo o negócio. Em 1969, ele tinha dezoito Walmarts e catorze franquias Ben Franklin.

As dez regras de Sam Walton para construir um negócio de sucesso

1 Comprometa-se com o seu negócio

2 Compartilhe seus lucros com sua equipe

3 Motive as pessoas a fazerem o seu melhor

4 Comunique o que está acontecendo

5 Aprecie as pessoas que o estão ajudando

6 Celebre os sucessos

> 7 Ouça as pessoas quando elas falam, especialmente consumidores ou clientes
> 8 Exceda as expectativas
> 9 Controle melhor as despesas do que a sua concorrência
> 10 Nade contra a corrente

A empresa abriu o capital em 1971 e eliminou as Ben Franklins. Claro que, nessa altura, era apenas mais uma cadeia de varejo com pouca notoriedade para além da sua base. Mas Walton investiu o dinheiro da flutuação de volta para o negócio – e trabalhou com a extraordinária motivação que sempre teve. Em 1977, ele tinha 190 lojas e, em 1985, 800. Em 1985, sua participação na empresa fez dele o homem mais rico dos Estados Unidos. Em 1991, a empresa ultrapassou a Sears em termos de tamanho e abriu sua primeira loja no México; agora tem quase 1.500 unidades no país.

A grande crença de Walton na aprendizagem ao longo da vida nunca o abandonou. Ele era um inovador apaixonado quer fosse nas pequenas coisas (colocar jantares congelados ao lado de fraldas, já que os jovens casais com bebês provavelmente não tinham tempo para cozinhar) ou ser um dos primeiros a adotar sistemas de computador. Ele experimentou com novos tipos de lojas, como os armazéns do Sam's Club e Supercenters.

Walton também era um homem que via, muitas vezes, o que estava por vir. Enquanto outros varejistas lutavam entre si nas áreas metropolitanas, ele tomou os endereços que ninguém mais queria – mas aos quais era fácil chegar de carro. Nesse sentido, ele pode ser visto como o pai das compras fora da cidade. Tal como Ray Kroc, ele procurava novos locais, geralmente descobrindo a melhor localização para as suas novas lojas e depois comprando uma parcela de terra do agricultor em questão.

Através de tudo isso, permaneceu o Sam do povo – e esperava que seu pessoal fosse assim também. Todos os funcionários tinham escritórios simples sem ostentação a ponto de serem espartanos, e isso incluía a alta administração. Isso, talvez, deva ser aplaudido. Outras facetas da cultura da empresa são talvez um pouco mais estranhas. Para começar, há o canto da empresa:

> Me dá um W!
> Me dá um A!
> Me dá um L!
> Me dá um hífen!
> Me dá um M!
> Me dá um A!
> Me dá um R!
> Me dá um T![1]
>
> O que isso forma?
> Walmart!
>
> De quem é o Walmart?
> É o meu Walmart!
>
> Quem é o número um?
> O cliente! Sempre!

"Não se surpreenda se você ouvir nossos associados gritando isso com entusiasmo na sua loja Walmart local", adverte o site. Se isso parece um pouco perturbador, há muito mais por baixo da superfície. O enorme sucesso da empresa trouxe muito escrutínio, com muita gente não gostando do que vê.

Um artigo do *New York Times* de 2005 ilustra bem o tipo de acusações dirigidas ao Walmart por seus detratores: "Um memorando interno enviado ao conselho de administração do Walmart propõe diversas maneiras de conter os gastos com saúde e outros benefícios, ao mesmo tempo em que procura minimizar os danos à reputação do

---

[1] A empresa abandonou a grafia com hífen em 2008.

varejista. Entre as recomendações estão a contratação de mais trabalhadores em meio turno e o desencorajamento de pessoas doentes de trabalharem no Walmart".

Além disso, enquanto a empresa se gaba de ser barata (pois onde mais você pode obter um par de jeans Levi's por menos de vinte dólares?) e se alinha com famílias trabalhadoras, outros a veem como um valentão que abusa dos seus fornecedores, especialmente nas economias com baixos salários. E, se ela encoraja práticas de trabalho duvidosas no exterior, em casa é o vilão favorito de todo mundo, levando as lojas de família à falência. Quando um Walmart abre, dizem os críticos, os centros urbanos próximos morrem e, embora o Walmart possa se apresentar como amigo dos americanos médios com os seus preços baixos, na verdade ele destrói as economias locais e empobrece o cidadão comum. Walton é também patologicamente antissindicatos. De fato, de acordo com os críticos, uma vez que você considera o conjunto, o Walmart está na verdade explorando a pessoa comum – e a única família americana que realmente se beneficia são os Waltons, que, apesar de sua imagem amada e folclórica, estão entre as pessoas mais ricas do mundo.

Talvez ciente desse problema de imagem, o Walmart empreendeu grande parte de sua expansão internacional sob outros nomes. No Reino Unido, por exemplo, os clientes do Walmart fazem as compras na Asda. Enquanto isso, em 2006, a empresa se retirou da Alemanha a um custo de um bilhão de dólares, tendo saído da Coreia no início do mesmo ano. Diz-se que a razão disso, em grande parte, era que a cultura da empresa não viajava bem e que os alemães liberais achavam inaceitáveis muitas das suas práticas altamente conservadoras, especialmente em áreas como o trabalho.

Mas, quer o Walmart consiga ou não replicar seu sucesso nos EUA no resto do mundo, não há dúvida de que as lojas de Sam Walton têm sido tão influentes que mudaram a geografia humana de um continente. Talvez seja também uma marca do seu sucesso o fato de que os seus filhos sobreviventes se encontram entre as dez pessoas mais ricas dos Estados Unidos. Só Bill Gates, Warren Buffett e Larry Ellison são mais ricos.

REFERÊNCIAS E LEITURAS ADICIONAIS

BELL, John. "Sam Walton (1918-1992): everyday low prices pay off", *Journal of Business Strategy*, 1 set. 1999.
CLARK, Andrew. "Walmart, the US retailer taking over the world by stealth", *Guardian*, 13 jan. 2010.
GROSS, Daniel. *Forbes Greatest Business Stories of All Time*, 1996, p. 266-83.
HOSENBALL, Mark. "Shy Sam, the man with billions in store", *Sunday Times*, 20 out. 1985.
MARKOWITZ, Arthur. "Mr. Sam: Wal-Mart's patriarch", *Retailing Today*, 18 dez. 1989.
MEYERSON, Howard. "In Wal-Mart's image", *American Prospect*, 1. set. 2009,
PAINTER, Steve. "Friendly invasion: the annual shareholders meeting will bring hordes of national and international 'Wal-Martians' to Northwest Arkansas", *Arkansas Democrat-Gazette*, 20 maio 2007.
PILIECI, Vito. "How Wal-Mart conquered the world", *Ottawa Citizen*, 2 de abr. 2002.
SUNDAY TIMES. "*Mr. Sam – the folksy tycoon with a killer instinct*", 10 jun. 2001.
WALMART. Biografia de Samuel Moore Walton. Disponível em: walmartstores.com.
WALTON, Sam. *Sam Walton: Made in America,* Banta, 1993.

14
Mary Kay Ash

Quando a maioria das pessoas pensa em Mary Kay Ash, elas provavelmente pensam em cosméticos, e poucos mais do que isso. Aqueles que se lembram dela um pouco melhor poderiam pensar na cor rosa, uma tendência para uma espécie de *brilho* da Barbie e um estilo por interiores que foi modelado com base no gosto do seu grande amigo Liberace. Aqueles que realmente trabalhavam para ela e com ela sabiam que Mary Kay era muito mais do que isso – e que por baixo de toda essa extroversão colorida de algodão doce havia uma mulher de negócios altamente determinada, bem-sucedida e com princípios, cujas ideias eram muitas vezes anos, senão décadas, à frente do seu tempo.

Ash era uma mulher de negócios extremamente rica e bem-sucedida em um mundo que, pelos padrões de hoje, era surpreendentemente machista. Ela foi vítima de discriminação de gênero tantas vezes que, quando finalmente criou sua própria empresa, suas ideias sobre gestão se mostraram bastante radicais. Algumas delas pareciam excêntricas na época, mas, se você as olhar de perto, verá as ideias de uma mulher que realmente sabia como engajar e motivar as pessoas, que as promovia de acordo com suas habilidades em vez de gênero e que se preocupava com o equilíbrio entre a vida profissional e pessoal de sua equipe décadas antes que o termo existisse. Na verdade, embora as duas sejam superficialmente bastante diferentes, há uma abundância de paralelos interessantes entre Ash e outra titã dos cosméticos femininos, Anita Roddick.

Mary Kay também foi interessante em relação ao seu status de celebridade e como ela o usou. Ela trabalhou em uma época em que os empresários (a grande maioria dos quais eram homens) não tinham como regra geral a atenção das pessoas nem pavoneavam seus papéis. Tal como acontece com muitas das suas ideias, o seu perfil e a forma como o usou parecem estar mais em sintonia com o início do século XXI do que com meados do século XX. Como uma iconoclasta, ela tinha fãs que variavam de Laura Bush à autora de *Tomates Verdes Fritos*, Fannie Flagg, e a membros do time de futebol Dallas Cowboys. Para que você não pense que ela foi um triunfo do estilo sobre a substância, sua equipe a amava genuinamente: quando ela morreu, os funcionários do passado e do presente fizeram fila para oferecer tributos muitas vezes chorosos. Louvaram o seu altruísmo e contaram como ela tinha mudado as suas vidas. Para muitos, era como se um membro da família tivesse morrido. Um discurso típico começava com: "Todos nós a amávamos..."

Mary Kay nasceu Mary Kathryn Wagner, em 1918, em Hot Wells, Texas, uma cidade rural que agora está sendo engolida pela expansão urbana de Houston; seus pais operavam um popular hotel e restaurante. Quando Ash tinha sete anos, seu pai contraiu tuberculose e teve de se mudar para um sanatório. A mãe vendeu os negócios e a família mudou-se para Houston. Sua mãe trabalhava em turnos de catorze horas em um restaurante, e Ash ajudava na cozinha e na limpeza da casa. Apesar de suas circunstâncias difíceis, sua mãe foi inspiradora para Mary Kay: mesmo com suas longas horas de trabalho, ela encontrava tempo para encorajar sua filha, dizendo-lhe constantemente que ela podia fazer qualquer coisa que quisesse. Ash frequentemente citou isso como a fonte de sua autoconfiança: "As palavras da minha mãe se tornaram o tema da minha infância. Ficaram comigo toda a minha vida."

Ash era uma boa aluna, mas suas circunstâncias difíceis impediram que cursasse a faculdade e, em 1935, ela se casou com Ben Rogers, que trabalhava em um posto de gasolina, cantava em uma banda local e trabalhava no rádio. O casal veio a ter três filhos, mas o casamento não durou muito. Ash escreveu que ele entrou em colapso depois que Rogers se alistou no Exército. Divorciaram-se quando ele regressou da Segunda Guerra Mundial; ela disse que esse foi o ponto mais baixo da sua vida e que "eu me sentia como um completo fracasso como mulher". Além disso, ela tinha três filhos para sustentar sozinha.

Ash começou a estudar medicina na Universidade de Houston. Ela também trabalhou como secretária e aceitou um emprego de meio período na Stanley Home Products (SHP), que vendia artigos domésticos, como vassouras e escovas de dentes; diz-se que a empresa teria originado as vendas em festas (como no caso mais famoso, as festas de Tupperware). Ash participou de uma convenção da SHP em Dallas, o que mudou sua vida. Lá, a empresa coroou uma Rainha de Vendas – e Ash de repente tinha um objetivo. No ano seguinte, Ash foi a Rainha de Vendas, mas ela teve tanto sucesso que enervou a diretoria da SHP, que a mudou para Dallas e cortou suas asas.

Em 1952, ela partiu para outra empresa de venda direta, a World Gifts. O padrão se repetiu: em seu primeiro ano, ela estava ganhando mais de mil dólares por mês, o equivalente a cerca de oito mil dólares agora, e mais de quatro vezes a média nacional. Mas o padrão de discriminação que ela tinha visto na SHP se repetiu. Ash ficou no World Gifts por onze anos e eventualmente saiu por uma combinação de razões. Uma delas era que ela queria escrever um livro para mulheres sobre negócios com base em suas experiências. Outra era que estava cansada de ser negligenciada em favor de colegas masculinos menos qualificados. O site da empresa afirma que a gota final foi quando um homem que tinha sido contratado como seu assistente e treinado por ela foi promovido sobre ela com o dobro do seu salário. Ash diria mais tarde:

> Naquela época, aprendi que, enquanto os homens não acreditassem que as mulheres pudessem fazer alguma coisa, elas nunca teriam chance.

Eu sabia que me tinham sido negadas oportunidades de realizar o meu maior potencial simplesmente porque eu era uma mulher. Esses sentimentos não eram meras indulgências de autopiedade, porque conheci pessoalmente muitas outras mulheres que sofreram injustiças semelhantes.

Embora Ash tivesse a intenção de escrever um livro, as coisas acabaram sendo muito diferentes. As ideias que ela estava desenvolvendo para os seus vários capítulos se tornariam a sua empresa. Diz-se que ela se sentou à mesa de sua cozinha e escreveu duas listas: uma era de coisas boas que ela tinha visto nas empresas; a outra eram áreas que ela acreditava que poderiam ser melhoradas. Quando ela olhou para as duas, uma luz se acendeu. Aquilo não era um livro, era um plano de negócios. Então, em 1963, com as suas poupanças de cinco mil dólares e a ajuda do filho Richard, ela abriu a Beauty by Mary Kay numa loja de quinhentos metros quadrados em Dallas. A mobília era de segunda mão e as cortinas eram feitas à mão, mas tudo estava caminhando. O produto principal da empresa era um creme para a pele do qual ela tinha comprado os direitos de fabricação. Acredita-se que ele foi desenvolvido por um curtidor de couro cuja filha notou que sua pele era muito mais jovem do que se poderia esperar. Suas consultoras eram independentes: compravam a granel e vendiam a varejo, mas essencialmente geriam seu próprio negócio.

Talvez valha a pena lembrar aqui que, assim como algumas poucas empresas do meio do século XX, como as de Ray Kroc e Sam Walton, Mary Kay não era nenhuma novata quando fundou seu negócio; na verdade, ela já tinha 45 anos. Mais tarde, em resposta à pergunta sobre o seu sucesso tão repentino, ela disse: "A resposta é que eu era de meia-idade, tinha varizes e não tinha tempo para brincadeiras". É claro que isso pode ter lhe dado o impulso de que precisava, mas a verdadeira razão pode ter sido: ver como as empresas tratavam as mulheres talentosas.

Ela também disse: "Eu não estava muito interessada na parte dos dólares do negócio. O meu interesse em começar a Mary Kay era oferecer às mulheres oportunidades que não existiam em nenhum outro lugar".

Não é preciso ser um gênio para perceber que uma das maiores formas de motivar as pessoas é oferecer-lhes as oportunidades que lhes foram negadas em todos os outros lugares. Em seus discursos de motivação na empresa, Ash costumava dizer: "Quero que você se torne a mulher mais bem paga dos Estados Unidos". Muitos dos que trabalharam para ela levaram a sério esse conselho: quando ela morreu, 150 mulheres já tinham ganho mais de um milhão de dólares trabalhando para ela.

Com a sua própria companhia, Ash deixou para trás os seus anos de luta. A empresa começou com onze consultoras de beleza e fez quase duzentos mil dólares em vendas no primeiro ano. No ano seguinte, quadruplicou para oitocentos mil dólares. Em 1964, ela iniciou uma tradição – o seminário da empresa. O primeiro foi essencialmente um grande encontro durante o jantar, com Mary Kay cozinhando frango e fazendo salada de gelatina para os duzentos funcionários e consultores da empresa. Foi sediado num armazém decorado com balões e papel crepe; ela própria serviu os convidados em pratos de papel. Essa refeição foi o primeiro dos famosos seminários da empresa, e, à medida que o seu império de cosméticos crescia, esses eventos se tornavam cada vez mais luxuosos, parecendo, muitas vezes, mais festas de showbiz do que assembleias gerais da empresa. No entanto, esses eventos tinham uma função séria. A empresa oferecia cursos motivacionais e treinamento, e havia os concursos nos quais as estrelas da empresa recebiam honras e prêmios no valor de dezenas de milhares de dólares. Em 2009, 35 mil pessoas compareceram. A maioria eram consultoras da empresa, que, uma vez que gerem eficazmente as suas próprias empresas, têm de pagar as suas próprias despesas de viagem e hospedagem.

Os seminários de Ash em Dallas (que agora são realizados em países de todo o mundo) tornaram-se lendários. Seus participantes pagantes até mesmo incluíam professores da Harvard Business School, que podiam ver que abaixo de todo o rosa e diamantes havia um cérebro de negócios que genuinamente pensava de forma diferente.

Em 1968, ela comprou seu primeiro Cadillac, que ela pintou de rosa para combinar com um de seus produtos. O carro foi um sucesso tão grande (e um bom dispositivo de marketing) que ela deu carros semelhantes às suas cinco melhores consultoras. A empresa oferece agora uma vasta gama de automóveis (nem todos cor-de-rosa). A partir de 2006, a GM estimou que tenha produzido 100 mil Cadillacs cor-de-rosa para a Mary Kay. Como ela disse, "O reconhecimento é a chave".

Durante a década de 1970, a empresa cresceu. No final da década, tinha vendas de mais de cem milhões de dólares e uma cotação na Bolsa de Valores de Nova York. Com sua aparência distinta e chamativa, Ash se tornou uma espécie de celebridade. Ela foi referenciada centenas de vezes na cultura popular e teve que sair de muitas das suas aparições públicas como uma estrela de rock pelas portas traseiras para evitar ser acostada por seus fãs adoradores.

No entanto, apesar de tudo isso, a sua filosofia (e a da sua empresa) permaneceu como sempre foi. Ela acreditava em tratar os outros como você gostaria de ser tratado (funcionários e consultores eram encorajados a se comportarem como se todos que encontrassem tivessem uma placa ao redor do pescoço dizendo "Faça eu me sentir importante"). Ela acreditava muito no equilíbrio trabalho/vida pessoal ou, como no Texas, no equilíbrio trabalho/vida pessoal/fé: era dito aos funcionários que colocassem Deus em primeiro lugar, família em segundo lugar e carreira em terceiro lugar. (Isso cria um contraste divertido com o ditado de Ray Kroc: "Eu acredito em Deus, na família e no McDonald's – e no escritório, essa ordem é invertida"). Finalmente, ela acreditava que qualquer um poderia ter sucesso com o encorajamento certo. Ocasionalmente, suas maiores estrelas e presenteados com Caddies cor-de-rosa eram até homens.

Em meados dos anos 1980, porém, a empresa falhou. As vendas e o preço das ações caíram, e, em 1985, a família levou a organização para o privado novamente em uma compra alavancada de 450 milhões de dólares. Ash se aposentou em 1987. Teve um AVC em 1996, e depois a sua saúde declinou. Faleceu em 2001, com 83 anos; naquele ano, as vendas da empresa foram de mais de um bilhão. Em 2010, elas estavam próximas a três bilhões de dólares. Ao longo dos anos, Ash recebeu dezenas de prêmios de negócios e foi muito apreciada e admirada. Numa arena onde muitos são altamente controversos, poucos tinham algo de mal a dizer sobre ela. Mas isso não é surpreendente, dado que os seus motivos eram, de um modo geral, muito bons.

No seu obituário do *New York Times*, ela é citada em uma conversa com um amigo:

> Em 1963, as forças sociais que agora apoiam a igualdade financeira e jurídica das mulheres não tinham obtido apoio público. E, no entanto, aqui estava uma empresa que daria às mulheres todas as oportunidades que eu nunca tive. Acho que Deus não queria um mundo em que uma mulher tivesse de trabalhar catorze horas por dia para sustentar sua família, como minha mãe tinha feito. Acho que ele usou esta empresa como um veículo para dar uma oportunidade às mulheres.

REFERÊNCIAS E LEITURAS ADICIONAIS

AP/HOUSTON. "Mary Kay Ash, cosmetics giant dead at age 83", *Chronicle*, 23 nov. 2010.
AP/ST. LOUIS. "Cosmetics empire was started to offer women opportunities; company grew from sales force of 11 to 750,000 in 37 countries", *Post-Dispatch*.
BODOR, Jim, "'We all love her': local associates recall legacy of Mary Kay Ash", *Telegram & Gazette*, Worcester, MA.
DALLAS MORNING NEWS.
DETROIT FREE PRESS. "Obituary", 23 nov. 2001.
GROSS, Daniel. *Forbes Greatest Business Stories of All Time*, 1996, p. 232-245.
NEMY, Enid. "Mary Kay Ash, builder of a beauty empire, dias at 83", *New York Times*, 24 nov. 2001.
WEBSITE EM TRIBUTO A MARY KAY. Disponível em: marykaytribute.com.
WEBSITE MARY KAY. Biografia. Disponível em: www.marykay.com.

15
BILL GATES

Bill Gates é um dos grandes impulsionadores da revolução da informação do final do século xx e fez mais para moldar a experiência do computador pessoal do que qualquer outra pessoa. Em 1975, ele descreveu memoravelmente um futuro computador em cada casa e em cada mesa e, em grande medida, essa visão tornou-se realidade, em grande parte devido aos seus esforços. A empresa que fundou, a Microsoft (MS), fabrica o sistema operativo Windows, que alimenta mais de noventa por cento dos PCs do mundo, enquanto acredita-se que o seu pacote de produtividade Office seja usado por algo como oitenta por cento das empresas do mundo. Muito do que nós tomamos como certo no mundo da computação – de padrões de documentos a palavras da moda – teve sua gênese na Microsoft.

Tudo isso fez de Gates o homem mais rico do mundo por um tempo extraordinariamente longo – ele conquistou esse título de 1993 a 2007. Na verdade, em certo ponto Gates era tão rico que valia mais de cem bilhões de dólares, um número que eclipsava o PIB da maioria dos países do mundo.

A razão pela qual ele já não ocupa o primeiro lugar é porque doou bastante da sua fortuna à caridade. Mesmo assim, apesar de ter doado vinte bilhões de dólares (atrás apenas de Warren Buffett), ainda é o segundo homem mais rico do mundo, ficando atrás apenas do magnata mexicano das telecomunicações Carlos Slim Helú – e mesmo assim não por muito. Naturalmente Gates tem a cabeça de líderes globais; ele é rotineiramente classificado como um dos homens mais poderosos do mundo, e agora, graças à Fundação Bill & Melinda Gates, é o filantropo mais importante do mundo.

Talvez estranhamente dada a sua generosidade, nem Gates nem a sua empresa desfrutam de uma fração da afeição pública em que os seus dois maiores rivais, Apple e Google, deliciam-se. Na verdade, enquanto as pessoas na comunidade de tecnologia aguardam ansiosamente cada oferta da Apple e da Google, com a MS o relacionamento é mais um amor por odiá-la. Geeks parecem sair de seu caminho para depreciar os produtos MS; eles querem encontrar coisas erradas neles. A empresa, segundo a linha usual de críticas, é anticoncorrencial. As suas práticas monopolistas permitem-lhe oferecer softwares caros, supervalorizados e não muito bons, que as empresas e os consumidores não têm outra escolha senão comprar, já que mais de noventa por cento dos computadores funcionam com sistemas operativos MS. Quando surgem alternativas reais, de acordo com essa linha de pensamento, a MS as esmaga. Mas não são apenas os consumidores: a Microsoft tem atraído muitas críticas – e a atenção de alguns governos – normalmente porque é vista como anticoncorrência e monopolista.

Enquanto as pessoas raramente odeiam Gates em si, não há dúvida de que a faísca que cria um Steve Jobs (ou um Richard Branson) está faltando em Bill. Ele é rico, mas não é carismático. No entanto, independentemente do que as pessoas pensem sobre a MS, ainda compram seus produtos, e ela continua sendo uma força enorme e extremamente poderosa (se não muito amada) no mundo da tecnologia e dos negócios.

Gates nasceu em 1955 em Seattle, Washington, de pais ricos. Ele teve uma educação confortável, seu pai era um advogado rico, enquanto sua mãe era influente na organização sem fins lucrativos da United Way. Pensava-se que William H. Gates III poderia seguir os passos do pai. Gates mostrou seus primeiros sinais de brilhantismo, e seus pais o enviaram para a escola privada de Lakeside, onde ele conheceu Paul Allen, que era dois anos mais velho, e os dois ficaram fascinados pela máquina Teletype da escola, um computador pioneiro e muito primitivo. Aos dezessete anos, Gates vendeu seu primeiro software (um programa de horários) para a escola e recebeu 4.200 dólares por ele.

Suas proezas acadêmicas iniciais eram uma prova do que estava por vir. Ele pontuou 1.590 (de um possível 1.600) em seus exames SATs e foi para Harvard. Lá, tornou-se amigo de Steve Ballmer, um colega que, anos mais tarde, iria sucedê-lo como CEO da Microsoft. No final de 1974, Allen, que havia desistido da universidade e era programador da Honeywell, em Boston, leu um artigo na revista *Popular Electronics* sobre um microcomputador chamado Altair, um dos primeiros do mundo. Com um preço de 350 dólares, estava ao alcance das pessoas comuns. Os criadores do computador, uma empresa do Novo México chamada MITS, estavam convidando os leitores da *Popular Electronics* a criar uma linguagem de programação para ele. Gates e Allen ligaram para o MITS para dizer que haviam desenvolvido uma versão do BASIC (a linguagem de programação para iniciantes). Na verdade, eles não tinham, mas a empresa expressou interesse, então a dupla fez tudo o que estava ao seu alcance e concretizou a reivindicação. Quando Allen demonstrou seu software ao MITS no Novo México, a empresa ficou tão satisfeita que fez dele vice-presidente.

Aqui Gates deu uma pausa em Harvard para se juntar a Allen no Novo México, e o par começou a chamar seu próprio empreendimento de Micro-Soft. Gates então retornou a Harvard brevemente, mas havia desistido completamente no final de 1976. Nesse ano, registraram a marca Microsoft, tornaram-se independentes do MITS e passaram a contratar funcionários. No final de 1978, as receitas da empresa eram superiores a um milhão de dólares. No início de 1979, eles mudaram a empresa para Washington, perto de sua cidade natal, e em 1980 Steve Ballmer foi contratado como gerente de negócios.

No mesmo ano, a IBM pediu a Gates que fornecesse um intérprete BASIC para seu próximo computador, o IBM PC, que é o avô de praticamente todos os computadores comuns em uso hoje. A IBM também precisava de um sistema operacional e, após o fracasso das discussões com outra empresa, a Microsoft concordou em fornecê-lo. Para isso, licenciou um sistema operacional chamado 86-DOS, que tinha sido escrito por Tim Paterson, do Seattle Computer Products; para o uso em IBMs, foi renomeado PC-DOS. Mais tarde, a Microsoft compraria o sistema todo. Foi aqui que a MS foi muito inteligente e ultrapassou completamente a IBM. De fato, o acordo que a Microsoft alcançou seria desastroso para a empresa maior e acabaria por resultar numa das grandes mudanças de poder no setor – dos fabricantes de hardware para os fabricantes de software. Na verdade, pode-se argumentar que foi simplesmente uma das grandes mudanças industriais da história.

A MS acreditava que era muito provável que outras empresas clonassem o hardware da IBM, então manteve os direitos de licenciar o sistema operacional para fabricantes não IBM; vale a pena notar aqui que, enquanto a Microsoft era muito inteligente no negócio, a IBM entrou sonâmbula nele. O resultado (quando a clonagem esperada aconteceu) foi que a Microsoft tinha um enorme mercado pronto para o seu sistema operacional, enquanto a IBM ficou fazendo hardware, que estava rapidamente se tornando uma commodity de baixa margem.

Em 1981, a empresa foi incorporada: Gates obteve 53 por cento, Allen 31 por cento e Ballmer oito por cento; suas receitas eram de dezesseis milhões de dólares, e ela tinha 128 funcionários. Dois anos depois, em 1983, esses números triplicaram. Mas nesse mesmo ano também houve um ponto baixo: Allen foi diagnosticado com a doença de Hodgkin. Ele foi tratado com sucesso, mas deixou a Microsoft e depois seguiu uma carreira separada da MS, apesar de suas vastas participações.

Se o DOS tinha dado à MS enorme influência e recursos, o software que o tornaria um nome conhecido estava virando a esquina. Em 1985, a MS lançou uma interface gráfica para o MS-DOS; esse era o Windows 1.0. No ano seguinte, a empresa abriu seu capital. Suas ações, que estavam cotadas em 21 dólares, subiram sete dólares no primeiro dia de negociação. Desde então, aumentaram nove vezes, e os 21 iniciais valeriam mais de sete mil dólares em 2010. Em 1987, o Windows 2 apareceu (Windows 3 e 4 se seguiram), e, em 1989, o Office fez sua estreia. Enquanto isso, em outra indicação do que estava por vir, a Apple processou a MS, alegando que o Windows infringia sua interface gráfica de usuário (GUI); a Apple perdeu após seis anos.

O início da década de 1990 viu a MS no auge dos seus poderes. Suas fortunas continuaram crescendo, e o enorme crescimento da computação, tanto em casa quanto nos negócios, aumentou cada vez mais suas receitas e lucros. Em 1992, a *Forbes* ungiu Gates como o homem mais rico dos Estados Unidos, e, no ano seguinte, a Microsoft ultrapassou a IBM em termos de capitalização de mercado, marcando o fim de uma era. Em 1994, Gates se casou com sua namorada de longa data, Melinda French, e posteriormente teve três filhos. Em 1995, para grande fanfarra, foi lançado o Windows 95, o primeiro Windows reconhecidamente moderno. Foi um sucesso impressionante e por quase todas as medidas foi um dos maiores lançamentos de produtos da história.

No entanto, embora a MS estivesse no seu auge, as forças que mais tarde lhe causariam tantos problemas já estavam se movendo desde o início da década de 1990. A empresa já tinha atraído o interesse do Departamento de Justiça dos EUA, que estava preocupado com o fato de ela estar violando as regras antitruste. Talvez ainda mais importante, algo chamado internet estava criando um enorme zumbido na tecnologia e nos círculos de negócios. Bill Gates não estava muito interessado – ou pelo menos não no início. Então, em 1994, a empresa Netscape lançou seu famoso Mosaic Navigator, e a web começou a se parecer com algo que as pessoas comuns gostariam e as empresas poderiam usar. Em outra indicação do que estava por vir, a Netscape estava oferecendo o seu software gratuitamente. Pela primeira vez, parecia vagamente possível que a história se repetisse e que alguém pudesse fazer à Microsoft o que ela fez à IBM.

Gates mudou de posição rapidamente. Em 1995, num memorando famoso, ele anunciou que a internet era de fato do "nível mais elevado de importância"; mais tarde, nesse ano, anunciaria o browser da MS, o Internet Explorer, que finalmente apareceu em agosto de 1996. Vale lembrar que, nessa altura, a Amazon já estava no mercado há um ano. Isso talvez tenha marcado o ponto em que a Microsoft deixou de ser a única voz que realmente contava na computação. Pela primeira vez em anos, a agenda estava sendo definida por outros.

A resposta da empresa também pouco fez para melhorar a percepção do público. Mais tarde, a Netscape alegou que a Microsoft utilizou a sua posição de monopólio para intimidar e convencer os utilizadores de Windows a abandonarem a Netscape em favor do Explorer (o que acabou por levar a Netscape a perder a maior parte do seu mercado e a ser comprada). Em 1996, a Netscape solicitou ao Departamento de Justiça dos EUA que investigasse a MS por práticas anticoncorrenciais. Dois anos depois, o Departamento de Justiça e vinte procuradores-gerais processaram a MS. Em 1998, Gates deu um depoimento em vídeo ao Departamento de Justiça. Isso foi amplamente visto como evasivo, bastante desonesto e não muito útil. A Microsoft perdeu, e o juiz ordenou que ela fosse desmontada. Na verdade, o acordo final foi muito menos draconiano, e muitos consideraram-no como um mero aviso. Mas pouco fez pela Microsoft ou pela imagem de Gates. A primeira foi amplamente caracterizada como uma monopolista abusiva e o segundo como um controlador obsessivo.

Mas o ano 2000 viu o início do próximo capítulo de Gates quando ele começou a renunciar ao controle do seu império: Ballmer se tornou CEO, com responsabilidade diária pela administração da empresa, e Gates tornou-se presidente executivo. Em 2001, a empresa lançou o Windows XP, que, após alguns problemas iniciais, foi amplamente elogiado; na verdade, até muito recentemente era visto como o sistema operacional de escolha para laptops menores e menos potentes.

No geral, os anos 2000 não foram bons para a Microsoft, embora, como ela e seu criador começaram lentamente a se afastar, eles talvez tenham sido mais gentis com Bill Gates. A rival da Microsoft, a Apple, que teve uma década terrível nos anos 1990, estava se divertindo muito mais nos anos 2000 e, com Steve Jobs novamente no comando, estava começando a definir a agenda. Em 2001, a Apple lançou o iPod, e em 2007, o radical iPhone. Ambos mudaram o jogo e também anunciaram o futuro do mundo digital. A MS, por comparação, tinha smartphones pouco amados e um Zune que não merece comentários.

Enquanto isso, no final da década de 1990, a Google surgiu e, embora não parecesse uma ameaça no início, logo seria. Ao longo da última década, às vezes teve-se a impressão de que o trabalho da Google era fazer com que as incursões da Microsoft na arena online parecessem ruins. Se você considerar tudo, do Hotmail e Gmail ao Microsoft Virtual Earth (agora Bing Maps) e ao Google Earth, é difícil escapar da conclusão de que, se for online, a Google fará melhor. De forma injusta, isso parece funcionar se a Google o faz primeiro (como o Google Earth) ou depois (como o Gmail). Da mesma forma que no início dos anos 1990 tinha havido uma mudança de poder dos fabricantes de equipamentos para os produtores de software, agora parecia que toda a excitação tinha ido para a internet e para gadgets brilhantes, nenhum dos quais era realmente a área da MS.

Ficaria pior. Muitos acreditam que o crescimento em termos de acesso à internet está nos smartphones, e que se deve apostar no iPhone e nos telefones com Android – um sistema operacional gratuito, *open-source*, baseado em Linux, que foi desenvolvido pela arquirrival Google. Pior ainda, esses sistemas operacionais podem estar saindo da arena dos telefones. Os computadores do tipo iPad parecem muito populares – e não parecem máquinas Windows. Em vez disso, eles são feitos pela Apple ou utilizam a tecnologia Android. A preocupação para a Microsoft é que eles podem estar com problemas. A outra grande preocupação é que a funcionalidade de muitos aplicativos (como os do Office) está migrando para se tornar online, onde a vantagem é da Google. Às vezes, parece que a MS está cercada por todos os lados.

A empresa também teve outros problemas. Seu primeiro grande lançamento de sistema operacional dos anos 2000, o Windows Vista, que foi lançado em 2007, foi amplamente criticado e nunca conquistou do jeito que o XP fez. Em 2008, a UE aplicou uma multa de 899 milhões de euros à MS por não ter cumprido as regras antitruste, e ela não conseguiu ganhar, em sua proposta para a Yahoo, depois que as duas empresas não chegaram a um acordo sobre um preço. Pior ainda, a rival Apple ultrapassou recentemente a Microsoft em tamanho.

Apesar de todos esses presságios de desgraça e tristeza, as previsões da queda da MS são muito exageradas. Por um lado, é muito improvável que as pessoas parem de comprar computadores baseados em Windows por algum tempo. Além disso, o Windows 7 tem sido amplamente bem avaliado e corrige muitas das falhas do Vista. Vale a pena lembrar, também, que é sempre tentador bater em quem é grande. Talvez o dia com o qual a MS precise realmente se preocupar seja quando as pessoas já não se queixarem dela. A empresa continua a ser um gigante, ainda que talvez precise ser um pouco mais ágil.

Talvez a maior surpresa para os críticos de Gates tenha sido o que ele estava começando a fazer com todo aquele dinheiro. No final da década de 1990, começou a fazer doações multibilionárias para a Bill & Melinda Gates Foundation, uma instituição de caridade criada por ele e sua esposa que se concentra na saúde e na educação. Em 2006, Gates anunciou que estaria se afastando da MS para se concentrar em sua filantropia, a partir de meados de 2008. Ele continua sendo o presidente da Microsoft – e suas participações ainda são consideráveis –, mas agora ele é mais um filantropo do que um empresário.[1] Ele também é claramente eficaz: em 2006, seu amigo Warren Buffett anunciou que doaria cerca de quarenta bilhões de dólares – e a maior parte do dinheiro iria para a Fundação Bill & Melinda Gates.

REFERÊNCIAS E LEITURAS ADICIONAIS

BANK, David. "Breaking windows", *Wall Street Journal*, 2 jan. 1999.
BILL & MELINDA GATES FOUNDATION. Disponível em: www.gatesfoundation.org.
BOLGER, Joe. "I wish I wasn't the richest man in the world, says Bill Gates", *Times*, 5 maio 2006.
GATES, Bill. *The Road Ahead*, 1995.
_____. *Business at the Speed of Thought*, 1999.
GROSS, Daniel. *7 Greatest Business Stories of All Time*, p. 334-51, 1996.
HEILEMANN, John. "The truth, the whole truth, and nothing but the truth", *Wired*, 46, 2000.
MICROSOFT. Disponível em: www.microsoft.com.
SMOKING GUN, Mug shots.
WASSERMAN, Elizabeth. "Gates deposition makes judge laugh in court", *CNN.com*, 17 nov. 1998.

---

[1] Bill Gates nomeou o empresário Satya Nadella como CEO da Microsoft em fevereiro de 2014.

16
DAVID OLGIVY

Para aqueles que estão interessados, a primeira coisa que David Ogilvy escreveu como ocupação profissional ainda está disponível na web. Seu título é bastante recondicionado, o *The theory and practice of selling the Aga cooker* (ou, em tradução livre, "A teoria e a *prática de vender fornos* Aga") e foi escrito em 1935, quando ele tinha vinte e poucos anos e trabalhava como vendedor para a emblemática empresa de fogões do Reino Unido. Claro que, considerando que o texto é vintage, está cheio de tiradas machistas que só são engraçadas em retrospectiva. Mas mesmo assim, é uma leitura clara, persuasiva e convincente 75 anos depois, com frases memoráveis como "O bom vendedor combina a tenacidade de um bulldog com os modos de um spaniel". A revista *Fortune* uma vez lhe chamou de "o melhor manual de vendas já escrito".

Grande parte da publicidade moderna deve a sua existência a David Ogilvy e às suas ideias. Muitos mascotes icônicos, slogans e identidades de marca devem sua existência a Ogilvy e à agência que ele fundou. No entanto, em muitos aspectos, ele estava longe de ser um típico publicitário. Numa indústria famosa pela sua impiedade e cinismo, ele era tudo menos isso. Na verdade, o seu maior insight foi nada mais do que entender que os consumidores podem realmente ser inteligentes e não devem ser tratados como idiotas. Ele desprezava a ideia da publicidade como uma espécie de arte criativa e era franco sobre o seu trabalho como vendedor. Afirmava: "Se não vender, não é criativo" e "Não considero a publicidade como entretenimento ou uma forma de arte, mas como um meio de informação". No entanto, seus anúncios eram sobre ideias. Escreveu incontáveis laudas de textos publicitários (e nunca se deu muito bem com a televisão), era educado, profundamente culto e imensamente espirituoso. Na verdade, mal conseguia abrir a boca sem que *bons mots* se seguissem.

Uma de suas citações mais famosas (e ele era imensamente citável) é: "A consumidora não é uma idiota, ela é sua esposa". Outros grandes ditos incluíam: "Nunca publique um anúncio que não gostaria que a sua família visse" e "Diga a verdade, mas torne-a fascinante". Ele também usava os produtos que anunciava, fossem eles Rolls-Royces ou camisas. Ele descreveu isso como "boas maneiras elementares", e até abriu mão de contas que possuía quando sentiu que não podia mais acreditar no produto.

David Ogilvy nasceu em West Horsley, não muito longe de Londres, em 1911. Seu pai era corretor de bolsa, cujo negócio tinha sido gravemente afetado pela crise econômica dos anos 1920. Como resultado, a sua criação é provavelmente melhor definida como uma pobreza de gente fina. Ele frequentou a St. Cyprian's School, em Eastbourne, com descontos na mensalidade, antes de ganhar uma bolsa de estudos para a Fettes College, em Edimburgo (a mesma escola que Tony Blair frequentou), aos treze anos. Mais tarde, ganhou uma bolsa de estudos para Oxford para estudar história na Christ Church em 1929. No entanto, a vida estudantil não combinava com ele. Ele se descreveu como um "fracasso" e acabou sendo reprovado por preguiça; mais tarde, descreveu isso como "o verdadeiro fracasso da minha vida". Em 1931, mudou-se para Paris, onde conseguiu um emprego no Hotel Majestic. Isso durou um ano; ele disse que o emprego lhe ensinou disciplina e gestão – e quando seguir em frente. "Se eu tivesse ficado no Majestic, teria enfrentado anos de salário de escravo, pressão demoníaca e exaustão perpétua."

Então, Ogilvy voltou à Inglaterra, onde começou a vender o forno Aga de porta em porta. Ele era, ao que tudo indica, um excelente vendedor. Isso foi notado na sede da Aga, e foi-lhe pedido que escrevesse um manual de instruções para outros vendedores em 1935. Seu irmão, que trabalhou em publicidade para a empresa Mather & Crowther, leu o manual e ficou impressionado. Essa foi a primeira grande oportunidade de Ogilvy. Seu irmão mostrou-o aos seus colegas, e foi oferecido a Ogilvy o cargo de executivo de contas. Ogilvy demonstrou uma precoce genialidade quando lhe deram apenas quinhentos dólares para anunciar um hotel recém-inaugurado. Mesmo nos anos trinta, essa era uma quantia irrisória. Ele a gastou em cartões postais e depois os enviou a todos na lista telefônica da área; o hotel abriu lotado. Depois que o seu método foi bem-sucedido, ele escreveu que "Eu provei sangue". Isso lhe deu uma crença vitalícia no marketing direto, que sempre foi visto como o parente pobre e ligeiramente desacreditado da publicidade.

Três anos depois, conseguiu convencer a agência a enviá-lo para os Estados Unidos por um ano. Ele foi um sucesso com os americanos (na época, um sotaque britânico realmente abria portas) e ficou fascinado pelo país. No final do ano, demitiu-se da Mather & Crowther e juntou-se ao instituto nacional de pesquisa de George Gallup. Seu trabalho para Gallup era avaliar a popularidade das estrelas de cinema de Hollywood e histórias para os estúdios. Esse trabalho lhe deu uma oportunidade de viajar amplamente nos Estados Unidos e aprender muito sobre o país, e também lhe ensinou o valor de entender o que as pessoas comuns pensavam.

Durante a Segunda Guerra Mundial, trabalhou em inteligência na embaixada britânica em Washington. Embora esse trabalho envolvesse ser treinado como um espião, o que ele acabou fazendo foi mais monótono – redação e análise de relatórios. Durante esse tempo, buscou trazer seu conhecimento de comportamento para assuntos militares e diplomáticos. Os seus relatórios foram bem recebidos. Depois da guerra, Ogilvy fez outra mudança de direção: comprou uma fazenda no rural Lancaster County, Pensilvânia, que é famoso por sua população Amish. Lá, cultivou por vários anos tabaco, embora eventualmente tenha reconhecido que nunca faria sucesso na agricultura, mesmo que amasse a área e alguns aspectos do estilo de vida.

Em 1948, estava pronto para fundar a sua própria agência. Ele a chamou de Hewitt, Ogilvy, Benson & Mather e a criou com o apoio da Mather & Crowther em Londres. Naquela altura, tinha seis mil dólares no banco e 38 anos. Apesar do seu tempo na publicidade e com o instituto Gallup, seu currículo era muito escasso. Ele memoravelmente notou depois que, nessa altura, nunca tinha escrito um anúncio em sua vida. De fato, no momento em que a maioria das pessoas está no caminho certo para subir a escada corporativa, Ogilvy tinha uma eclética experiência em campos díspares (e principalmente irrelevantes), não possuía diploma e estava desempregado.

No entanto, ele tinha um jeito com publicidade, e os anúncios da nova empresa foram logo grandes sucessos. Ogilvy memoravelmente nos disse que o sabonete Dove era um quarto creme hidratante, e Dove passou a se tornar a maior marca do setor. Ele inventou o homem de camisa Hathaway, um aristocrata que tinha perdido um olho e tinha de usar um tapa-olho. O tapa-olho instantaneamente fez de um homem de meia-idade genérico, usando uma camisa, um objeto de mistério e intrigante. O texto de Ogilvy na parte inferior ajudou, é claro, porque ele tinha um jeito maravilhoso, e até bastante estranho, com palavras. O famoso texto começava assim: "Os discípulos melancólicos de Thorstein Veblen teriam desprezado esta camisa". Veblen foi sociólogo e autor de *The Leisure Class*. É duvidoso se até um por cento das pessoas que viram o anúncio sabiam disso, mas era uma história grande e intrigante, e um ícone nasceu. As vendas da Hathaway subiram, e a empresa tornou-se uma grande marca. Ogilvy escreveu mais tarde que o sucesso do seu aristocrata de um olho só confundiu até mesmo ele: "Exatamente por que ele acabou sendo tão bem-sucedido, nunca vou saber. Colocou a Hathaway no mapa após 116 anos de relativa obscuridade".

Ele memoravelmente tentou rebatizar Porto Rico como um destino cultural, dizendo "Pablo Casals está voltando para casa em Porto Rico".

E funcionou. Os anúncios da empresa Schweppes, que apresentavam um britânico culto vindo para os Estados Unidos oferecendo a bebida Schweppervescence, duraram extraordinários dezoito anos. Como Ogilvy disse uma vez, "cada anúncio deve contribuir para o símbolo complexo que é a imagem da marca". Ele era um homem de grande charme. No início dos anos 1960, a revista *Time* informou que lhe tinha sido dada uma conta para vender os Estados Unidos como destino turístico a vários países da Europa Ocidental, "Cada anúncio que escrevo para o serviço de viagens dos EUA", gracejou Ogilvy, "é uma carta típica de um imigrante grato".

Em 1959, a agência ganhou a conta da Rolls-Royce. Essa campanha era uma das suas favoritas. Dizia: "A sessenta milhas por hora, o barulho mais alto deste novo Rolls-Royce vem do relógio elétrico." Foi um grande sucesso. Em seus primeiros vinte anos, e desde o início, a agência ganhou contas de prestígio, como Lever Brothers, General Foods, American Express, Shell e Sears. Na verdade, se Ogilvy tivesse uma falha, poderia ter sido uma tendência a vender-se alto demais. Ele escreveu dessa vez: "Duvido que algum redator tenha tido tantas conquistas em tão pouco tempo", acrescentando que a agência era "tão quente que conseguir clientes era como matar peixes num barril".

Talvez por causa da sua vaidade, alguns disseram que a sua maior criação era ele próprio. Ainda assim, como se costuma dizer, ele tinha muitos motivos para ser imodesto. Foi um grande escritor, com uma sagacidade rápida que combinou os modos, o sotaque e a excentricidade britânicos com o trabalho árduo dos americanos e uma aversão pelo amor-próprio de sua indústria. Fisicamente, ele era impressionante – alto e ruivo – e vestia-se com estilo e fumava um cachimbo. Contra tudo isso, um ego muito grande era assim tão ruim? No início dos anos 1960, Ogilvy decidiu escrever um livro. Queria que fosse um manual de instruções para os que entravam na indústria. Com um título rápido, ele o chamou *Confissões de um publicitário*. Com sua prosa fresca e nome cativante, o livro alcançou uma audiência muito além da Madison Avenue. A tiragem inicial foi de cinco mil exemplares, mas até hoje já vendeu mais de um milhão de cópias e ainda é considerada leitura obrigatória no setor industrial. Ele acabou escrevendo dois outros livros.

Frases de David Ogilvy

- "Um bom anúncio é aquele que vende o produto sem chamar a atenção para si próprio."
- "Não pegue leve. Jogue para fora do estádio. Mire na companhia de imortais."
- "Primeiro, crie uma reputação de ser um gênio criativo. Segundo, rodeie-se de parceiros que são melhores que você. Terceiro, deixe-os seguir em frente com isso."
- "Se você tiver a sorte de criar uma grande campanha publicitária, em breve verá outra agência roubá-la. Isso é irritante, mas não deixe que isso o preocupe; nunca ninguém construiu uma marca imitando a publicidade de outra pessoa."
- "Parece-me má educação que uma revista aceite um dos meus anúncios e depois o ataque editorialmente – como convidar um homem para jantar e depois cuspir em seu olho."
- "Muitas pessoas – e eu acho que sou uma delas – são mais produtivas quando bebem um pouco. Descobri que, se beber dois ou três brandies, sou muito mais capaz de escrever."
- "Noventa e nove por cento da publicidade não vende muito de nada."

Trinta e três anos depois de fundar sua agência, ele escreveu o seguinte memorando para outro diretor:

> Alguma agência contratará este homem? Ele tem 38 anos e está desempregado. Desistiu da faculdade. Foi cozinheiro, vendedor, diplomata e agricultor. Não sabe nada sobre marketing e nunca escreveu nenhum texto publicitário. Ele professa estar interessado em publicidade como uma carreira (com a idade de 38 anos!) e está pronto para trabalhar

por cinco mil dólares por ano. Duvido que alguma agência americana o contrate. No entanto, uma agência de Londres o contratou. Três anos mais tarde, ele se tornou o mais famoso redator do mundo e, no devido tempo, construiu a décima maior agência do mundo. A moral: às vezes, compensa que uma agência seja imaginativa e pouco ortodoxa na contratação.

Como Stephen Bayley (2009) escreveu no *New Statesman*: "A psicologia de Ogilvy era complicada. Ele conhecia Shakespeare e escrevia bem, mas queria ser visto apenas como uma versão evoluída do vendedor ambulante que foi a sua primeira encarnação na carreira."

No entanto, apesar de todo o seu amor-próprio, muitos outros também o amavam. Quando Kenneth Roman escreveu *O rei da Madison Avanue* (2009), poucos sentiram que o título era impreciso ou grandioso.

Em 1973, Ogilvy se aposentou como presidente da Ogilvy & Mather e mudou-se para Touffou, sua vasta propriedade na França. De acordo com o site da empresa, ele manteve contato com a organização e "a sua correspondência aumentou de tal forma o volume dos correios na cidade vizinha de Bona, que a unidade de correios foi reclassificada com um estatuto mais elevado e o salário do carteiro aumentado".

Mas a carreira dele ainda não tinha acabado. Em 1989, o Grupo Ogilvy foi comprado pela WPP de Martin Sorrell em uma aquisição hostil. Ogilvy chamou Sorrell por vários nomes pouco educados. Mas, embora houvesse muitos na publicidade que não gostavam da forma como Sorrell fazia as coisas, era Sorrell, e não Ogilvy, que sabia para que lado o vento soprava. Na verdade, da mesma forma que Ogilvy foi um grande fundador da publicidade moderna, foi Sorrell que, décadas mais tarde, a arrastou para a era da informação, aos chutes e berros. Ogilvy foi inteligente o suficiente para perceber que Sorrell era o novo rei – e Sorrell magnânimo e astuto o suficiente para manter os serviços de Ogilvy. Eles fizeram as pazes, a WPP se tornou a maior empresa de comunicação do mundo, e Ogilvy se tornou presidente não-executivo, cargo que ocupou por três anos. Apenas um ano depois, disse: "Quando ele tentou tomar conta da nossa empresa, eu queria matá-lo. Mas não era legal. Quem me dera tê-lo conhecido há quarenta anos. Gosto muito dele agora". Diz-se que Ogilvy enviou a Sorrell a única carta de desculpas que ele já escreveu, e é suposto que esse último a tenha na parede do seu escritório.

David Ogilvy morreu em 21 de julho de 1999 em sua casa na França. Ele foi sucedido por sua terceira esposa Herta Lans e um filho, David Fairfield Ogilvy, de seu primeiro casamento. No entanto, o seu nome continua vivo na agência que fundou e na sua enorme influência na publicidade. Além disso, graças ao programa de TV *Mad Men* e seu foco nesse período formativo, o interesse em Ogilvy tem tido um certo ressurgimento nos últimos anos.

REFERÊNCIAS E LEITURAS ADICIONAIS

BAYLEY, Stephen. "Ecstatic materialist", *New Statesman*, 23 fev. 2009.
CORNWELL. Tim. "First of the madmen", *Scotsman*, 5 out. 2009.
Entrepreneur (nd) David Ogilvy: master of the soft sale, profile.
GAPPER, John. "Portrait of advertising's brilliant tyrant", *Financial Times*, 26 jan. 2009.
GROSS, Daniel. *Forbes Greatest Business Stories of All Time*, 1996, p. 158-75.
HAYS, Constance L. "David Ogilvy, 88, father of soft sell in advertising dies", *New York Times*, 22 jul. 1999.
OGILVY, David. *Confessions of an Advertising Man*, 1963.
OGILVY & MATHER, DAVID OGILVY BIOGRAPHY. Disponível em: www.ogilvy.com.
PIGGOTT, Stanley. "Obituary", *Independent*, 22 jul. 1999.
ROMAN, Kenneth. *The King of Madison Avenue: David Ogilvy and The Making of Modern Advertising*, Palgrave Macmillan, Houndmills, 2009.
TIME. "Ogilvy, the literate wizard", 12 out. 1962.

17
Meg Whitman

É ligeiramente incomum que Meg Whitman esteja nesta lista. No momento em que ela se juntou ao eBay, ele já era um negócio muito bem-sucedido, com perspectivas reais – e um que, ao contrário de muitas pontocom, era realmente rentável. Ela não era uma novata como Ray Kroc, que mudou o negócio a ponto de poder ter sido sua invenção. Em vez disso, foi contratada como CEO profissional e nem sequer foi a primeira. Mas quando começou, em 1998, o eBay tinha quarenta empregados. Quando ela saiu, uma década depois, era uma enorme empresa mundial com mais de dez mil funcionários e uma das empresas mais conhecidas do planeta.

Embora ela possa não ter estado lá na gênese ou ter mudado a empresa para além de qualquer reconhecimento, poucos negariam que seu dinamismo e profissionalismo foram o que fizeram dela o que ela é hoje. Sob ela, o eBay cresceu mais rápido que a Microsoft, Dell ou Amazon. Junto com a Google e a Amazon, o eBay é um dos três grandes sobreviventes das pontocom. Como esses dois, ele tem afetado profundamente muitas pessoas: para algumas, o site de leilões é um pouco de diversão e uma chance de pegar uma pechincha por algo. Para outras, é como ganham a vida. Para muitas empresas, é outra saída. E porque o site em si é todo sobre os membros que vendem para outros membros, não é apenas um negócio, mas uma enorme comunidade online.

Por todos os relatos, Whitman era uma chefe muito boa para quem se trabalhar, e há muitas histórias dela ir além do chamado do dever e se colocar para ajudar o pessoal. Ela também ganhou elogios pela modéstia comparativa do seu pacote salarial, embora se deva notar que ela possui 1,9 por cento da empresa, o que a torna uma das poucas mulheres bilionárias autossuficientes do mundo.

O eBay foi fundado por um francês de ascendência iraniana, Pierre Omidyar. Ele se mudou para os Estados Unidos com seus pais aos seis anos e se interessou por computação. Depois de estudar ciências da computação, trabalhou na Claris, uma subsidiária da Apple, antes de se tornar um empreendedor de tecnologia e cofundar sua própria empresa. Em 1995, aos 28 anos, ele surgiu com a ideia do eBay e escreveu o código original durante o longo fim de semana do Dia do Trabalho nos EUA. Lançou o site em 1995, com o nome atraente de "Auction Web". Omidyar tinha originalmente a intenção de registrar seu site como Echobay.com, mas o nome já havia sido tomado por uma empresa de mineração local, então ele decidiu por eBay.com, sua segunda escolha. O Auction Web era tão pequeno que simplesmente fazia parte do site pessoal de Omidyar, que hospedava, entre outras coisas, uma página de informações sobre o vírus Ebola.

É um equívoco comum que o eBay tenha sido fundado para ajudar a noiva de Omidyar a trocar os dispensadores de doces Pez, mas esse foi um estratagema de relações públicas inventado em 1997. Na verdade, ele construiu o site porque estava interessado na ideia de um mercado global. A primeira venda da Auction Web – que foi realmente apenas Omidyar testando seu site – foi um ponteiro laser quebrado que foi vendido a US$14,83. Ele ficou tão surpreendido que telefonou ao comprador para explicar que a coisa não funcionava. Então descobriu que, surpreendentemente, tinha encontrado um homem que recolhia ponteiros de laser quebrados. Inicialmente o site era gratuito, mas mais tarde começou a cobrar para compensar seus custos de hospedagem. A estrutura de cobrança era muito simples: 35 centavos pela cotação e uma pequena percentagem do valor do preço da oferta final.

Em 1995, Omidyar contratou seu primeiro funcionário para ajudá-lo com o funcionamento diário do site. Seis meses após o lançamento, o eBay se tornou rentável, um feito notável em um clima de negócios no qual a rentabilidade, muitas vezes, parecia ser uma miragem cintilante. No ano seguinte, contratou Jeff Skoll e se demitiu do seu emprego diário. Skoll foi o autor do plano de negócios que resultaria no rápido crescimento inicial da empresa. Em 1996, o site sediou duzentos mil leilões e a receita ultrapassou os dez mil dólares por mês. Em janeiro de 1997, o número de leilões era de dois milhões. No mesmo ano, o nome Auction Web foi abandonado, a empresa foi renomeada eBay, e as estrelas famosas fizeram sua estreia. Até o final do ano, 95 milhões de dólares em vendas haviam sido realizados, e o site tinha 341 mil usuários. Agora ele tinha uma oportunidade no grande mercado, e precisava de um CEO profissional com grande experiência.

Antes de Meg Whitman entrar para o eBay, sua vida era o próprio modelo de sucesso profissional de classe média-alta. Ela nasceu em 1956 em Long Island, Nova York, em Oyster Bay, a mais nova de três irmãos, e cresceu em Cold Spring Harbor. Seu pai dirigia uma empresa de empréstimos, e sua infância foi rica – essa área é onde F. Scott Fitzgerald sediou *O grande Gatsby*, e os Whitmans tinham ligações com os Boston Brahmins, a elite WASP da cidade. Whitman frequentou a excelente escola local e foi uma ótima aluna e boa em esportes. Em 1973, foi para a Universidade de Princeton, onde pretendia estudar medicina, mas teve dificuldades com a química e, em vez disso, formou-se em economia. Depois disso, foi para a Harvard Business School. Seus colegas de classe eram um grupo ilustre e viriam a administrar a PepsiCo, Staples e a Bolsa de Valores de Nova York. Ela também conheceu seu marido, que estava estudando medicina; eles se casaram três anos depois.

Depois de obter seu MBA, ela se juntou à Procter & Gamble na divisão de marcas de consumo da empresa. Isso não durou muito tempo, já que seu marido havia recebido uma residência em neurocirurgia na

Universidade da Califórnia. Ela encontrou um emprego na consultoria Bain & Co e foi contratada por Mitt Romney, que mais tarde se tornaria um raro governador republicano – e ainda mais raro mórmon – de Massachusetts (2003 a 2007) e um candidato presidencial na eleição de 2008. Ela durou oito anos na Bain e depois se mudou para uma série de empresas, passando do aconselhamento ao trabalho. Tornou-se mãe e também assumiu uma posição de marketing sênior na Disney.

Quando foi oferecido ao marido o cargo de neurocirurgião chefe no Massachusetts General Hospital, o casal e seus dois filhos se mudaram para Boston. Ela se tornou presidente da Stride Rite Shoes, onde reavivou a linha problemática de tênis Keds. Então tornou-se presidente da Florists' Transworld Delivery (FTD), uma cooperativa de floristas de longa data que queria expandir e elevar o seu perfil. Não foi um casamento feliz, e a estrutura arcaica e descentralizada da organização a frustrou. Ela durou pouco mais de um ano antes de partir. Depois disso, mudou-se de volta para um território mais familiar – o fabricante de brinquedos Hasbro, onde dirigia a divisão de pré-escola. Lá, ela deu nova vida à venerável e enferma Playskool e às linhas do Sr. Cabeça de Batata, que estavam sangrando dinheiro. Era 1997, e o *boom* das pontocom estava bem encaminhado.

Enquanto isso, na Costa Oeste, Pierre Omidyar e Jeff Skoll haviam feito um *brainstorming* de potenciais candidatos para administrar o eBay e, como eles diriam mais tarde, um nome continuava surgindo: Whitman, acreditavam eles, era a candidata ideal. A questão era como a tentar para que ela trocasse marcas de consumo estabelecidas pelo desconhecido.

No outono de 1997, Whitman recebeu um telefonema de David Beirne, um recrutador executivo e patrocinador inicial do eBay, perguntando se ela gostaria de ser CEO. Ela não estava particularmente interessada, pois nunca tinha ouvido falar do Auction Web ou do eBay. Olhou para o site da empresa – que era essencialmente anúncios patrocinados – e ele não a impressionou ou inspirou particularmente. No entanto, depois de muita insistência, ela concordou em voar para a Califórnia para conhecer Omidyar e Skoll. E mudou de ideia quando viu a forma como uma comunidade estava sendo construída em volta do site. "A ligação entre a empresa e os seus utilizadores era algo que raramente tinha visto", disse mais tarde à *Forbes*.

Ela decidiu que queria o emprego; então, depois de falar com sua família, eles fizeram as malas e voltaram para a Bay Area. Ela começou como CEO do eBay em fevereiro de 1998. Logo forjou um relacionamento com a AOL, que ajudou a proteger a empresa de rivais predadores. Em setembro desse ano, tornou a empresa pública. Omidyar e Skoll tornaram-se multibilionários, ela se tornou bilionária e dezenas de funcionários tornaram-se milionários. Mas a euforia durou pouco, e 1999 foi um ano muito mais cheio de testes. No dia 10 de junho, o site teve uma crise infame, que o deixou offline por 26 horas. Para empresas online, especialmente naquela época, as interrupções prolongadas aumentavam as perspectivas de debandadas em massa para outros serviços concorrentes. Mas o que o eBay descobriu – para sua grande surpresa – foi que sua comunidade queria ajudar e era amplamente solidária. No entanto, Whitman resolveu que a tecnologia, que nunca tinha sido o ponto forte da empresa, iria se tornar o seu núcleo. Para isso, ela se mudou com os engenheiros, apesar de saber muito pouco sobre tecnologia, e ficou lá por três meses até que soubesse.

Ela também acreditava na ideia de que aqueles que dirigiam o eBay deviam estar perto daqueles que o usavam. E estipulou que os executivos tinham de leiloar itens regularmente para que entendessem as preocupações dos membros comuns. Ela liderou pelo exemplo, vendendo o conteúdo da sua loja de esqui online.

Ebay

O eBay tem sido anfitrião de alguns itens extraordinários ao longo dos anos. Esses incluem um jato F/A-18 Hornet fighter (preço de compra de 9 milhões de dólares, não vendido), uma das Ilhas Virgens Americanas, uma máquina de perfuração do túnel do Canal da Mancha, a placa original de Hollywood e uma cidade na Califórnia. Embora possam soar como piadas, muitas organizações, de governos a empresas, acharam uma maneira eficaz de se livrar de itens difíceis de deslocar.

> O site tem um lado muito frívolo também, e é ótimo para publicidade em estilo tabloide. Os artigos que foram vendidos incluem, por exemplo, um único floco de milho, uma couve de Bruxelas e um sanduíche de queijo grelhado parcialmente comido com a imagem da Virgem Maria. Provando que o alcance mundial significa um mercado global de otários, o sanduíche foi vendido por 28 mil dólares. Várias jovens até tentaram leiloar a sua virgindade no eBay.
>
> Mas, para alguns, o site de leilões online é um negócio sério de fato, e o eBay é uma coisa decididamente pós-moderna – um negócio que hospeda muitos milhares de outras empresas. No final de 2010, o site calculava que já havia recebido 127 empresas com um volume de negócios de mais de um milhão de libras só no Reino Unido.

O site explodiu. Em 2000, tinha 22,5 milhões de usuários; em 2001, tinha 42,4 milhões de usuários; e, em 2004, tinha 135 milhões de usuários. Whitman também teve uma visão muito estratégica. Primeiro, ela expandiu e refinou o negócio de leilões; depois, em 2002, o eBay comprou o PayPal por 1,5 bilhão de dólares, algo que a comunidade do eBay havia pressionado fortemente Whitman a fazer. Ela levou a empresa a novos mercados tão diversos como a Alemanha e as Filipinas, e em 2004 o eBay comprou uma participação de 28,4 por cento no site Craigslist, um site de classificados de enorme sucesso. As ações atingiram um marco histórico de 58 dólares em 2004. Mas depois as coisas começaram a correr mal: em janeiro do ano seguinte, a empresa apresentou números de crescimento inferiores ao esperado; isso é talvez uma das provas do sucesso do eBay, pois os números de crescimento das receitas desapontaram, estando abaixo dos cinquenta por cento ano após ano.

Mas piorou. No final de 2005, o eBay pagou 2,6 bilhões de dólares pelo Skype, a empresa de telefonia gratuita via rede. Isso não correu bem em Wall Street. Ao contrário do PayPal, que era visto como um ajuste natural e um claro gerador de receita, o Skype era visto como algo que não tinha nada a ver com o negócio-foco da eBay; pior ainda, não havia um caminho claro para o lucro da Skype. Eventualmente, em 2009, o eBay vendeu uma participação maioritária no Skype (mantendo 35 por cento) por cerca de dois bilhões de dólares; não foi um grande investimento.

Mas Whitman também estava desenvolvendo outros interesses. Ela se tornou politicamente ativa em 2006, através de Mitt Romney, de quem ela tinha ficado amiga depois de deixar a Bain, e estava envolvida em sua campanha quando ele concorreu à nomeação republicana. Quando Romney se retirou da corrida presidencial e apoiou McCain, Whitman tornou-se copresidente da campanha desse último, e foi sugerida como uma potencial secretária do tesouro. Em 2008, ela deixou o cargo de CEO do eBay, entregando o bastão a John Donahoe, o presidente da divisão Marketplaces do eBay, que ela havia recrutado da Bain. Quase imediatamente surgiram rumores de que ela iria concorrer ao cargo de governadora da Califórnia.

Curiosamente para uma ex-pontocom, Whitman concorreu como republicana (grande parte do Vale do Silício é tão solidamente democrata quanto aquela outra fonte de poder na Califórnia, Hollywood). Ela ganhou a nomeação no verão de 2010, e recebeu críticas pela quantidade de dinheiro que tinha gasto fazendo isso. Nos dias do Tea Party, vale a pena lembrar que os republicanos da Califórnia, como o governador Schwarzenegger, estão muito do lado socialmente liberal do partido. Ela foi criticada tanto pela direita como pela esquerda, e não ganhou. Mesmo que tivesse ganho, poderia ter se perguntado se de fato estava ganhando alguma coisa. Os males financeiros do Golden State são tão terríveis que nos últimos anos a Califórnia tem lutado para pagar os empregados e teve de emitir letras de crédito aos credores. Um artigo de legislação estranho (e desastroso) torna muito difícil aumentar certos impostos, enquanto sindicatos poderosos significam que os cortes são suscetíveis de causar gritos de angústia e alienar muitos. A governança do estado é amplamente considerada um cálice envenenado. Se Whitman tivesse vencido, ela poderia ter olhado para trás e visto a construção de um dos negócios e comunidades mais bem-sucedidos do mundo como um passeio no parque.

REFERÊNCIAS E LEITURAS ADICIONAIS

BROWN, Erika. "What would Meg do? eBay's Meg Whitman does things the right way", *Forbes Asia*, 21 maio 2007.

DILLON, Patrick. "Peerless leader: perceptive, adaptable, and remarkably low-key, eBay chief executive Meg Whitman rides e-tail's hottest segment – the global garage sale called peer-to-peer", *Christian Science Monitor*, 10 mar. 2004.

HOLSON, "Laura M eBay's Meg Whitman explores management", *Web Style*, 19 maio 1999.

SUNDAY TIMES. "Profile: Meg Whitman", 13 jun. 2010.

18
MARK ZUCKERBERG

O Facebook é a maior das empresas da Web 2.0 e tornou-se referência para o fenômeno chamado redes sociais. Lançado em 2004, em meados de 2010 tinha meio bilhão de membros. Políticos, empresários, comerciantes e anunciantes estão no encalço da sua capacidade de alcançar as pessoas, por vezes até o ponto em que dispensam o senso comum. O Facebook é amplamente creditado por ter tido um efeito significativo – e possivelmente até mesmo decisivo – sobre as eleições americanas de 2008.

Havia redes sociais antes do Facebook, algumas muito antes, mas apenas uma delas, o MySpace, chegou perto do Facebook em termos de sucesso. Há muito tempo, o Facebook deixou para trás esse rival anterior (agora de propriedade de Rupert Murdoch), cuspindo poeira e indignação. Investidores falam sem fôlego que a empresa vale mais de quarenta bilhões de dólares, e a sua proposta de oferta pública inicial (IPO) é maior do que a da Google. Seu fundador, Mark Zuckerberg, é objeto de boatos sem fim e de vários processos judiciais. Ele é regularmente comparado a Bill Gates e à dupla da Google.

A história de Zuckerberg é, naturalmente, bastante curta. Ele nasceu em White Plains, Nova York, em 1984, o segundo de quatro filhos. Frequentou sua escola local em Dobbs Ferry e, em seguida, mudou-se para a prestigiada Phillips Academy, que traça suas raízes até a revolução americana e cujos ex-alunos parecem uma lista dos grandes e bons dos Estados Unidos. Lá, ele se distinguiu como um estudante com particular força em matemática, inglês e clássicos, e era capitão da equipe de esgrima da escola. Ele também estava interessado em computadores e escreveu um player de música que atraiu o interesse da Microsoft e AOL.

Zuckerberg foi para Harvard. Seu interesse em programação cresceu, expandindo-se para incluir software de redes sociais. Ele tinha um traço malicioso e, em 2003, criou o site Facemash; aparentemente, o ímpeto para isso foi um término com uma menina. Facemash era essencialmente uma versão interna do site Hot or Not (no qual os usuários avaliam as fotos de pessoas com base na atratividade física). Para conseguir as fotos, Zuckerberg entrou na rede de Harvard e pegou as fotos de identificação. O site era popular – tão popular que derrubou os servidores da universidade, mas as autoridades de Harvard não gostaram e Zuckerberg foi ameaçado de expulsão, o que conseguiu evitar.

Zuckerberg continuou a brincar com ideias diferentes sobre esse tema, e, no início de 2004, o resultado final foi chamado The Facebook. Em duas semanas, metade dos estudantes de sua universidade inscreveu-se. Inicialmente, o site era apenas para estudantes de Harvard, mas, dentro de alguns meses, abriu para os de Stanford, Columbia e Yale, depois para toda a Ivy League, e depois para as universidades de todo o subcontinente norte-americano. Em 2005, a empresa comprou o nome de domínio Facebook por duzentos mil dólares e abandonou o "The". Seguiram-se escolas e algumas empresas, e, em 2006, o site foi aberto a qualquer pessoa com mais de treze anos de idade. O tráfego aumentou. Em 2008, atingiu cem milhões de membros; em 2009, duzentos milhões e depois trezentos milhões; e, no verão de 2010, ultrapassou a marca dos quinhentos milhões.

Em setembro de 2009, a empresa disse que tinha passado a ter caixa positivo. As suas receitas provêm em grande parte da publicidade, incluindo um acordo exclusivo com a Microsoft, que detém 1,3 por cento da empresa (Zuckerberg detém 24 por cento); uma parte menor das receitas provém dos presentes do Facebook (uma funcionalidade que permite aos utilizadores enviar presentes virtuais uns aos outros). Esperava-se que a empresa tivesse sua IPO em 2011, embora um relatório recente da Bloomberg sugira que 2012 pode ser uma data mais próxima.[1]

No entanto, mesmo sem uma IPO, o site e seu fundador e CEO nunca estão longe das manchetes. O Facebook tem sido cada vez mais atacado por aqueles que se preocupam com a privacidade e as liberdades civis, que, muitas vezes, se preocupam com a grande quantidade de informações que o Facebook capta sobre seus usuários. Essas reclamações foram particularmente fortes em 2006, quando a empresa introduziu um feed de notícias que mantinha os usuários atualizados sobre todas as atividades de seus amigos, e quando fez alterações em suas configurações de privacidade em 2009. A resposta de Zuckerberg foi que a privacidade já não era a norma. "As pessoas se tornaram realmente confortáveis não só para compartilharem mais informação de tipos diferentes, mas também de forma mais aberta e com mais pessoas. Essa norma social é apenas algo que evoluiu ao longo do tempo", disse ele a um público no início de 2010. O furor em torno das configurações de privacidade forçou Zuckerberg a cancelar férias no Caribe para comemorar seu 26º aniversário. Mas Zuckerberg pode estar certo: as mudanças de 2006 são agora uma das principais características do site.

Não são só as preocupações com a privacidade que afetam a imagem de Zuckerberg. Há também os processos judiciais, o mais famoso sendo o processo da ConnectU. Aberto por três dos ex-colegas de classe de Zuckerberg, o processo acusa-o essencialmente de roubar a ideia do Facebook. Ele alega que Zuckerberg foi contratado para escrever um código para a ConnectU e então, pouco depois, teve a ideia de criar seu próprio site. Depois de muitas revelações embaraçosas sobre Zuckerberg, o processo foi finalmente resolvido em 2009 em um valor que poderia ser tão alto quanto 65 milhões de dólares, dependendo do valor das

---

[1] O Facebook teve sua IPO em maio de 2012, tornando-se a maior da área de tecnologia e uma das maiores da história.

ações do Facebook incluídas no acordo. Os termos são secretos. Mas não é provável que ter resolvido essa briga em particular faça com que os problemas de Zuckerberg desapareçam por completo.

Em 2010, Paul Ceglia, um antigo colega, alegou ter um contrato que mostrava que era dono de 84 por cento do Facebook; ele disse que o contrato foi assinado em 2003. O Facebook descreveu a alegação como frívola, embora tenha alguns ecos do caso anterior e tenha sido amplamente relatada.

Além de tudo isso, Zuckerberg tem um problema de imagem. Muitos o veem como arrogante e desconectado, com delírios de grandeza, apesar de haver igualmente aqueles que afirmam que essa caracterização é injusta. Além disso, é um pouco irracional esperar que alguém que vale bilhões antes de completar 30 anos não seja afetado por isso de alguma forma.

Zuckerberg terminou 2010 de modo ligeiramente misto. No lado positivo, os editores da revista *Time* consideraram o efeito transformador do Facebook suficiente para torná-lo a pessoa do ano de 2010, o segundo mais jovem depois de Charles Lindbergh. Em uma nota talvez menos positiva, o filme *A rede social*, uma biópsia não autorizada de Zuckerberg e do Facebook, foi um sucesso crítico e comercial.

Seu slogan "Você não chega a quinhentos milhões de amigos sem fazer alguns inimigos" dá uma indicação do seu conteúdo. Sobre o filme, Zuckerberg disse: "É interessante, mas é ficção". De qualquer forma, a marca de quinhentos milhões de amigos já foi ultrapassada há algum tempo.

REFERÊNCIAS E LEITURAS ADICIONAIS

ARTHUR, Charles. "Facebook paid up to $65m to founder Mark Zuckerberg's ex--classmates", *Guardian*, 12 fev. 2009.
ASHWOOD, Jon; HEATH, Allister. "Because he's worth it", *The Business*, 29 set. 2007.
BURRELL, Ian. "He's got the whole world on his site", *Independent*, 24 jul. 2010.
HARVEY, Mike. "With friends like these, 110 million of them, making a profit should be easy, shouldn't it?", *Times*, 20 out. 2008.
JOHNSON, Bobbie. "Profile: Mark Zuckerberg", *Guardian*, 22 jul. 2007.
RIVLIN, Gary. "Wallflower at the web party", *New York Times*, 15 out. 2006.
TECHCRUNCH. Entrevista com a TechCrunch (vídeo) sobre privacidade, 8 jan. 2010.

19
HOWARD SCHULTZ

Se você tivesse que escolher a pessoa que fez mais para revolucionar o cenário do varejo de alimentos e bebidas nos últimos vinte anos, haveria poucos concorrentes para Howard Schultz. De acordo com a narrativa da empresa, o café dos EUA era quase horrível antes do Starbucks chegar com suas canecas de latte espumante e cafés atraentes. Com velocidade surpreendente, as cafeterias passaram de lugares cheios de fórmica, onde jarras de café Java fermentado passavam horas em placas de aquecimento, para lugares atraentes de encontro para pessoas de vinte e poucos anos, onde todas as bebidas eram feitas na hora. Embora alguns possam contestar parte disso, não há dúvida de que Schultz e o Starbucks mudaram radicalmente a relação entre os Estados Unidos – o mundo – e o café.

É claro que o Starbucks não inventou a ideia do café como motivo para se reunir ou o café como uma bebida à base de expresso, mas fez mais para popularizar esses aspectos da bebida do que qualquer outra empresa – e em muitos lugares realmente melhorou a qualidade do que estava sendo oferecido. Ao fazê-lo, transformou as ruas principais e os centros comerciais, e o seu distinto logo verde e branco tornou-se um dos mais conhecidos do mundo. Schultz pode não gostar particularmente da comparação, mas em muitos aspectos ele é o herdeiro de Ray Kroc; a principal diferença é que seu produto está em sintonia com os habitantes urbanos dos anos 1990 e 2000, enquanto o de Kroc era dirigido aos suburbanos dos anos 1960 e 1970.

Schultz nasceu em 1952 em um projeto habitacional no Brooklyn e cresceu pobre. Nos Estados Unidos, os projetos, que são habitações subsidiadas pelo Estado, estão entre os lugares mais difíceis do mundo desenvolvido e estão longe da ideia europeia comparativamente utópica de habitação social. Quando tinha sete anos, seu pai, que era motorista de um serviço reutilizável de fralda, quebrou o tornozelo e, como resultado, perdeu o emprego. Nos Estados Unidos, na década de 1950, quando os direitos dos trabalhadores eram ruins e a rede de segurança social era quase inexistente, tal ocorrência poderia ter significado não ser capaz de alimentar a família. A pobreza de sua infância, muitas vezes brutal, teve um efeito profundo em Schultz. Ele disse: "A motivação que tenho é, de certa forma, o medo do fracasso. Não queria ser daquele jeito. Queria tentar construir o tipo de empresa que não deixasse as pessoas para trás."

Schultz seguiu um caminho bem trilhado para fora dos projetos. Ele se tornou um atleta e se destacou no esporte, especialmente no futebol americano. Foi o quarterback de sua equipe de escola secundária, e isso lhe rendeu uma bolsa de estudos para a Northern Michigan University. Lá, estudou comunicação, formando-se em 1975. Depois disso, ele passou três anos em vendas e marketing na Xerox. Em 1979, mudou-se para os fabricantes de artigos domésticos suecos, Hammarplast, como vice-presidente e gerente-geral. O Starbucks, então varejista de grãos de café, era cliente da Hammarplast, e, em 1981, Schultz visitou a empresa. Ele ficou impressionado com o que viu e, um ano depois, entrou para a empresa como diretor de marketing.

Em 1983, Schultz visitou a Itália, que abriu seus olhos. O país é o lar de um número surpreendente de bares de café expresso – algo como duzentos mil, para um país com menos de sessenta milhões de habitantes –, e ele ficou muito impressionado com os italianos elegantes desfrutando de seus *espressos* e cappuccinos e com a forma como esses estabelecimentos funcionavam como centros comunitários, com pessoas aparecendo, encontrando amigos e conversando. Schultz pensou que algo semelhante poderia funcionar em Seattle. Quando voltou, persuadiu os donos do Starbucks a testar uma cafeteria que vendesse bebidas à base de café expresso. Funcionou bem, mas ele não conseguiu os convencer a expandir.

Schultz acreditava em sua ideia o suficiente para sair da empresa e encontrou um rival, que ele chamou de Il Giornale. Em 1987, os proprietários do Starbucks decidiram vender a empresa para se concentrarem em outra marca – Peet's Coffee & Tea (a Peet's ainda é uma empresa em funcionamento, embora com pouco menos de duzentos pontos de venda, contra dezessete mil do Starbucks). Schultz comprou o Starbucks e começou sua trajetória. Durante o final da década de 1980, a rede cresceu para cerca de cinquenta cafeterias na área de Seattle, com Schultz levantando capital para expansão de investidores locais. Ele logo percebeu que havia um limite para isso – para realmente ser grande, ele precisava do músculo financeiro dos bancos comerciais.

Em 1991, Dan Levitan, que dirigia o escritório da Wertheim Schroder & Co, em Los Angeles, foi persuadido a fazer uma visita à empresa. Levitan saiu mais tocado do que qualquer outra coisa. Ele disse que o Starbucks "era mais um sonho do que uma empresa" e, embora achasse que a devoção de Schultz à sua equipe (opções de ações e saúde para todos) era bonita, "foi meio uma reunião mediana".

Mas Schultz, que é creditado com grandes poderes de persuasão, conseguiu convencê-lo de que o Starbucks era mais do que um pequeno café bonito. Em seu livro *Dedique-se de coração*, Schultz (1998) escreve: "'Você sabe qual é o problema do seu negócio [bancos de investimento]?', eu perguntei. Dan [Levitan] preparou-se para uma grande acusação contra a indústria bancária de investimento. 'Não, qual?', ele disse com cuidado. 'Não há suficientes *menschen* [pessoas de confiança].'"

Foi uma aposta ousada, e valeu a pena. Levitan investiu um pouco do seu próprio dinheiro na cadeia recém-nascida e, igualmente importante, aderiu à ideia de Schultz. Um ano depois, a firma dele, juntamente com o Alex Brown & Sons, subscreveu a oferta pública inicial da empresa (IPO). Na época, as ações eram oferecidas por 17 dólares, e o Starbucks tinha 193 lojas. Isso finalmente deu a Schultz acesso ao dinheiro que ele precisava para transformar seu sonho de uma cadeia regional em uma cadeia internacional.

Ao longo da década de 1990, o Starbucks assumiu o controle dos Estados Unidos e começou a conquistar o mundo. Em 2000, tinha cerca de 3.500 cafeterias; em 2008, tinha mais de 15 mil em 43 países.

Mas logo a empresa começou a descobrir que, embora seja fácil ser pequeno e fofo, quando há um Starbucks em cada esquina, as pessoas se sentem de forma diferente sobre você. *Os Simpsons* reconheceram isso cedo quando, em sua temporada de 1997/98, houve um episódio em que Bart fura a orelha. Enquanto caminha pelo centro comercial, passa por vários Starbucks. Quando ele finalmente chega à loja In and Out Piercing, o empregado diz: "Bem, é melhor ser rápido, garoto. Dentro de cinco minutos, este lugar vai se tornar um Starbucks." Mais tarde, Bart com a orelha furada, sai do centro comercial para descobrir que cada loja se tornou um Starbucks.

No entanto, para ser justo, Schultz manteve-se fiel aos seus valores quando buscou criar uma empresa que tratasse bem os funcionários. Apesar do seu enorme tamanho, a Starbucks ainda oferece seguro médico a qualquer parceiro que trabalhe mais de vinte horas por semana. Eles ainda recebem opções de ações, um plano de pensão e inúmeros outros benefícios, incluindo meio quilo de café por semana. Em suma, é um pacote bastante impressionante, especialmente para o que é essencialmente um trabalho humilde no setor de serviços. Não surpreende que muitos funcionários do Starbucks amem a empresa para a qual trabalham, ao ponto dela parecer um pouco com um culto. Em seu livro *A estratégia Starbucks*, de 2006, Joseph Michelli fala da história extraordinária de um gerente regional que diz: "Eu tento ser brincalhão e divertido ao esfregar os banheiros e limpar os ralos." Como se costuma dizer, há o engajamento e engajamentos de funcionário.

Schultz deixou o cargo de CEO em 2000 e entregou as rédeas a Orin Smith. Enquanto Smith assumiu a direção diária da Starbucks, Schultz decidiu tentar dar a volta por cima em um time de basquete profissional. Ele comprou o Seattle SuperSonics em 2001, com a ideia de transformar a equipe como se fosse um negócio. Não foi bem assim. Em 2006, ele vendeu a equipe para um consórcio de investidores, que a transferiu para Oklahoma. Não é exagero dizer que muitos fãs do SuperSonics em Seattle o odiavam por fazer isso. Um colunista esportivo da ESPN escreveu sobre o fracasso de Schultz em conseguir o que queria com a equipe: "Ele se tornou irritado, amargo e loucamente desafiador, como uma criança petulante" (HUGHES, 2006).

Mas, se a sua empreitada na gestão desportiva terminou mal, pelo menos o Starbucks estava em alta. Entre meados e o final de 2006, as ações do Starbucks foram negociadas a menos de quarenta dólares. Seu preço de IPO tinha sido de dezessete dólares; considerando os cinco desdobramentos de ações, isso representou um crescimento de capital de cerca de 7.500 por cento. Mas não era para durar. Em outubro de 2006, a empresa, agora com Jim Donald ao leme, viu suas ações começarem um declínio que duraria mais de dois anos e os deixaria na negociação em menos de oito dólares. Claramente algo precisava ser feito. Em janeiro de 2008, Schultz retornou como CEO, dizendo aos analistas: "Assim como criamos este problema, vamos resolvê-lo". Mas mesmo o retorno de Schultz não foi uma solução instantânea: as ações finalmente pararam de cair no final de 2008.

Foi um período difícil para a cadeia, pois, enquanto seu luxo e bem-estar cotidiano estava perfeitamente em sintonia com os costumes do início e meados dos anos 2000, ela estava totalmente fora de alinhamento com as notícias econômicas sombrias do final da década. Muitos começaram a sentir que a marca era, como dizia o *Financial Times* (2010), "uma garota-propaganda do excesso espumante de uma era passada". Havia outros problemas também. A posição outrora inatacável da empresa como o lugar para comprar café premium estava sendo atacada tanto por cima quanto por baixo. Correntes de luxo estavam roubando os amantes de café que sempre foram bastante esnobes sobre as ofertas da empresa. Entretanto, por baixo, empresas como o McDonald's tinham notado que as margens no café – mesmo no café de qualidade relativamente elevada – eram enormes e que podiam reduzir significativamente o preço da Starbucks, servir uma boa xícara de café e, ainda assim, fazer pilhas de dinheiro. O McDonald's optou por isso de uma forma grande – nunca a impressão de que o Starbucks era o McDonald's com pretensões pareceu tão farpada. Schultz, a seu crédito, tinha conhecimento disso. Em 2007, um memorando dele tinha sido divulgado. Nele, advertia: "Nos últimos dez anos, para alcançar o crescimento, desenvolvimento e escala necessários para passar de menos de mil lojas para treze mil e mais além, tivemos que tomar uma série de decisões que, em retrospectiva, levaram à diluição da experiência Starbucks, e ao que alguns poderiam chamar de comoditização da nossa marca".

A pergunta era: poderia Schultz recapturar a magia daquela experiência Starbucks do início dos anos 2000? Ele certamente queria. Alguns pedaços seletos dos memorandos que ele enviou depois de retomar as rédeas carregavam a sensação da sensibilidade corporativa que era a marca registrada da empresa:

- "Somos e seremos uma grande e duradoura empresa, conhecida por inspirar e nutrir o espírito humano"
- "Não há outro lugar onde eu preferisse estar do que com você aqui e agora!"
- "Estamos no controle do nosso destino. Confiem no café e confiem um no outro"

Mais pragmaticamente, pensava-se que a empresa tinha se expandido demais, e o que antes parecia uma dominância sem esforço estava parecendo uma expansão excessiva e imprudente; aquela famosa cena de *Os Simpsons* de repente parecia horrivelmente presciente. Mais uma vez, a sátira tinha previsto isto: em 1998, o jornal online *The Onion* publicou uma manchete com a seguinte redação: "Um novo Starbucks abre no banheiro de um Starbucks existente." A solução, em muitos casos, foi o fechamento de lojas. Na sua maioria, esses eram pontos de venda de baixo desempenho, mas um mercado era notável: em 2008, a empresa fechou quase três quartos das suas cafeterias australianas. O problema, como muitos viram, era que a marca simplesmente não tinha compreendido o mercado. Nick Wailes, um especialista em gestão estratégica da Universidade de Sydney, disse ao *Australian Food News* que "a Austrália tem uma cultura de café fantástica e rica e empresas como o Starbucks realmente lutam para competir com isso".

Para ser justo com Schultz, as ações da cadeia de café recuperaram um pouco do seu vigor, mas é difícil escapar à impressão de que, para o Starbucks, os grãos de café mais fáceis foram todos colhidos. A empresa sempre teve seus detratores, que se dividem em três campos: o primeiro grupo assume a posição de que o Starbucks faz parte da homogeneização das ruas principais e da destruição dos negócios locais. É difícil refutar esse caso; na verdade, a empresa começou recentemente a abrir lojas sem marca, apelidadas de "Starbucks furtivas", o que sugere que está ciente de que talvez os consumidores não queiram um mundo uniforme. O segundo grupo afirma que, apesar de todos os seus excelentes benefícios, a empresa é agressivamente antissindicalista. De fato, em ambos os sentidos, o Starbucks é estranhamente contraditório. Consegue ser um símbolo bastante ético do grande capital e um símbolo injurioso da globalização; não gosta dos sindicatos, mas oferece muitos dos benefícios pelos quais os sindicatos lutam.

Mas é a terceira crítica ao Starbucks que pode ser a mais problemática. Em 2008, Schultz escreveu em sua Transformation Agenda Communication #4: "Não há uma empresa de café na Terra que ofereça café de melhor qualidade aos seus clientes do que nós. Ponto final!" É um sentimento bom e nobre, mas o problema é que há muitas pessoas que acreditam que isso está longe da verdade. Na verdade, a crítica ao Starbucks que fere mais do que qualquer outro é que o café realmente não é tão bom e ainda por cima é muito caro. Schultz pode ter se inspirado na cultura dos cafés italianos, mas, segundo o pensamento, se ele tentasse servir o seu café na casa de expresso, seria ridicularizado.

Outros o colocaram de forma mais diplomática, observando que há pouca vantagem para a empresa em entrar na Itália. Uma pesquisa de 2008 da *Which?* no Reino Unido classificou o Starbucks como a pior das cadeias de lojas de rua do país, descrevendo seu café como ruim e superfaturado; ela também observou que as bebidas tendem a ter calorias muito altas. Em resumo, como um blogueiro muito bem disse, o café tem mais em comum com uma xícara de sorvete quente do que o tradicional *espresso* italiano que o inspirou. O Starbucks pode ser uma porta de entrada para um bom café, mas está longe de ser o destino final.

Claro que o Starbucks continua a ser uma marca enorme, mas agora tem de ser uma marca madura. A sua vantagem de ser o primeiro a chegar ao topo desapareceu, e ele é assaltado de todos os lados por concorrentes que são frequentemente mais ágeis, mais baratos ou ambos. Tem de chegar a novos clientes e lidar com gostos cada vez mais sofisticados sem alienar o seu núcleo. Em suma, suas lutas são aquelas que todas as grandes cadeias de alimentos e bebidas têm – e para as quais não há uma resposta fácil. O Starbucks também tem um segundo desafio: ele quer desesperadamente ser uma boa empresa, e seu CEO acredita profundamente que é, mas nem todos estão convencidos, e, quando você é grande, pode ser muito, muito difícil ser bom também.

Ainda assim, Schultz transformou um punhado de cafeterias de Seattle numa cadeia com 17 mil pontos de venda (para comparação, o McDonald's tem mais de 31 mil) em pouco mais de vinte anos. E ele fez isso de uma forma que é impulsionada por valores e engajamento dos funcionários, mesmo que muitos discutam a extensão desses valores. Para onde ele vai a partir daqui, será interessante de ver. As ações da empresa estão atualmente em torno da marca de 25 dólares, muito melhor do que a sua baixa, mas ainda fora de seu pico. Se Schultz pode devolver a empresa aos seus dias de glória, permanecer ético, lidar com o *ennui* dos clientes e servir um ótimo café, então ele é realmente digno de alguns dos aplausos mais cultuais que recebe dos baristas da empresa.

REFERÊNCIAS E LEITURAS ADICIONAIS

ALLISON, Melissa. "Starbucks shake-up: Schultz back as CEO", *Seattle Times*, 8 jan. 2008.
BBC (nd) Howard Schultz, profile.
CLARKE, Andrew. "The Friday interview: Starbucks boss: We're not all froth", *Guardian*, 20 mar. 2009.
FARRELL, "Greg Return of the barista-in-chief", *Financial Times*, 22 mar. 2010.
HUGHES, Frank. "Why Schultz tuned out and sold the Sonics", *ESPN*, 20 jul. 2006.
MICHELLI, Joseph A. *The Starbucks Experience: 5 principles for turning ordinary into extraordinary*. Nova York: McGraw-Hill, 2006.
PRESSLER, Margaret Webb. "The brain behind the beans: Starbucks' Schultz has drawn praise, derision in building his coffeehouse empire", *Washington Post*, 5 out. 1997.
SCHULTZ, Howard. *Pour Your Heart into It: How Starbucks Built a Company One Cup at Each Time*. Nova York: Hyperion, 1998.
STARBUCKS. Disponível em: www.starbucks.com.

20
Jack Welch

Se algum homem encarnou o Zeitgeist de negócios de 1990, foi Jack Welch. Sob o nome de "Neutron Jack", ele era o rei do valor aos acionistas. A GE mudou até se tornar irreconhecível. Negócios de baixa performance foram cortados e foram adquiridas novas empresas para reforçar o balanço. Em vez de uma vantagem competitiva, os funcionários eram um custo como qualquer outro, e a força de trabalho podia ser cortada para aumentar as margens. Os gerentes que tinham boa performance eram recompensados como duques, enquanto os que não tinham eram demitidos, muitas vezes, brutalmente. Ele deplorava a regulamentação e a burocracia dentro e fora da sua empresa. Era a personificação viva do CEO celebridade – o executivo-chefe como uma espécie de Übermensch de Nietzsche. Imensamente conciso e citável, estava em toda parte, e todos queriam um pedaço dele. Ele também foi um dos primeiros superCEOs em termos de salário e foi recompensado em níveis com os quais seus antecessores só podiam sonhar.

Durante seus vinte anos no comando da GE, o valor da empresa cresceu de US$13 bilhões para US$400 bilhões, enquanto os lucros subiram mil por cento para quase US$13 bilhões. Em 1999, a *Fortune* nomeou-o Gerente do Século. Quando ele saiu no final de 2000, os aplausos se acumularam; Welch foi um herói para os nossos tempos. Mas a sua saída foi brilhantemente cronometrada. O mundo em que ele era CEO estava prestes a mudar com o *crash* das pontocom, o 11 de setembro e, mais tarde, a crise financeira de 2007-09. Em retrospectiva, o legado de Welch parece ser mais misto do que então. A *Fortune* pode ter nomeado o seu Gerente do Século um pouco prematuramente. Embora não se possa negar que Jack Welch foi um dos gestores mais influentes do final do século XX, o fato de se tratar de uma coisa boa ou de algo meio a meio é agora uma questão legítima.

Welch nasceu em 1935, em Peabody, Massachusetts, filho único e tardio de um maquinista ferroviário e de uma dona de casa; ele era uma criança inteligente e mais tarde creditaria sua mãe por lhe instilar uma ambição feroz. Ele passou a estudar engenharia na Universidade de Massachusetts e, em seguida, fez um doutorado em engenharia química na Universidade de Illinois. Em 1960, ingressou na GE como engenheiro recebendo 10.500 dólares por ano (cerca de 75 mil dólares agora). Depois de seu primeiro ano, Welch recebeu o que viu como um aumento salarial insatisfatório de mil dólares; isso e sua crescente impaciência com o ritmo lento e burocrático da empresa o convenceram a pedir demissão. Ele até teve uma festa de despedida, mas seu mentor, Reuben Gutoff, dirigiu cem milhas para jantar com ele e sua esposa e conseguiu mudar sua mente.

Welch ficou na GE, mas não se tornou um homem da GE: o seu radicalismo e a sua impaciência com um conglomerado cujo progresso era mais parecido com o de um transatlântico grandioso cresceram. Por vezes, isso teve resultados desastrosos – em 1963, ele conseguiu explodir uma fábrica de plásticos –, mas, de modo geral, os seus resultados foram suficientemente bons para garantir que as suas fraquezas fossem ignoradas. Em 1969, tornou-se diretor-geral da divisão de plásticos. Ao assumir o cargo, Welch caracteristicamente se gabou sobre como quebraria todos os recordes, embora isso não fosse considerado a coisa a ser feita na GE. Na verdade, a sua atitude rebelde e franqueza estavam começando a torcer alguns narizes na hierarquia. No entanto, ele continuou a entregar resultados e a crescer.

Tornou-se vice-presidente da GE em 1972; em 1973, numa avaliação de desempenho, escreveu que o seu objetivo era tornar-se diretor executivo. Em 1977, assumiu o controle da GE Credit Corporation e tornou-se vice-presidente sênior. Em 1979, tornou-se vice-presidente e, em 1981, concretizou finalmente a sua ambição de se tornar CEO. Apesar de não haver dúvida de que Welch tinha a capacidade e a vontade de atingir esse objetivo, alguns ainda estavam surpresos ao vê-lo lá, pois ele era amplamente considerado abrasivo demais para subir ao topo no que ainda era, essencialmente, uma empresa burocrática onde não era aceitável desviar da norma. Contudo, isso era exatamente o que Welch queria fazer, e agora que ele era CEO não havia ninguém para impedi-lo.

Vale ressaltar aqui que, quando Welch assumiu o controle, ele não estava assumindo a liderança de um negócio em dificuldades que precisava desesperadamente de cirurgia. A empresa era lucrativa e o seu CEO anterior, um inglês clubista chamado Reginald Jones, era muito admirado. Mas, onde muitos viam uma continuidade lucrativa, Welch via um negócio esclerótico e hierárquico que precisava ser revolucionado. O que aconteceu a seguir virou lenda.

Ele a desestruturou como um louco, levando um machado à burocracia labiríntica da empresa. Vendeu subsidiárias de baixo desempenho. Foi dito às empresas que elas tinham de ser as primeiras ou segundas em seu mercado – e ele exigiu um crescimento de lucro a cada trimestre. Adotou um novo pensamento de gestão, e aqueles que o impressionaram foram generosamente recompensados. Em 1981, proferiu um discurso intitulado "Growing fast in a slow growth economy" ("Crescendo rápido em uma economia de crescimento lento", em tradução livre), que, muitas vezes, se diz ter desencadeado o culto do valor aos acionistas. Talvez o mais famoso tenha sido a sua atitude em relação ao desempenho individual. Ele era amplamente conhecido por ser surpreendente e até mesmo desagradavelmente franco com seus gerentes em comentários. Ele realmente queria que melhorassem seu jogo, e para isso os vinte por cento melhores receberiam bônus e opções de ações, enquanto todo ano os dez por cento piores eram demitidos. Isso não foi algo que tenha feito Welch perder muito o sono. A sua resposta à demissão dos dez por cento mais fracos foi de que a sua manutenção era ainda mais cruel: "Alguns pensam que é cruel e brutal eliminar os dez por cento mais fracos do nosso pessoal. Não é. É exatamente o oposto. O que eu acho que é brutal e 'falsa bondade' é manter pessoas que não vão crescer e prosperar".

Em sua autobiografia, *Jack definitivo: segredos do executivo do século* (2001), ele diz que a empresa tinha 411 mil funcionários no final de 1980, quando ele entrou, e, no final de 1985, esse número tinha caído para 299 mil. Dos 112 mil que saíram, cerca de um terço estavam em negócios vendidos, e dois terços foram "limitados" a negócios contínuos. Na verdade, Welch era tão afeiçoado por cortar força de trabalho que ele ganhou o apelido de Neutron Jack, assim chamado porque, como a bomba de nêutrons então na moda, ele se livrou das pessoas, mas deixou os edifícios de pé. Os trabalhadores podem não ter amado o seu novo patrão, mas as pessoas com o dinheiro amaram. A quota de mercado da GE disparou e Wall Street desmaiou. E, para todos os negócios que vendeu, a GE também comprou muito, aumentando seu já gigantesco valor de mercado. Claro que também houve desvantagens nisso tudo. A fim de alcançar suas margens de lucro cada vez maiores, os gerentes cortaram áreas como P&D e se tornaram avessos ao risco. Havia também o custo humano, mas, enquanto a GE estava em alta nas décadas de 1980 e 1990, essas questões foram educadamente ignoradas por aqueles que eram importantes.

Logo Welch era o gerente mais falado – e imitado – dos Estados Unidos. O fato dele ser extremamente simpático, folclórico e catedrático sem dúvida ajudou, mas havia muita coisa que também era concreta. Sob sua supervisão, a GE tornou-se a maior e mais admirada empresa do mundo. De fato, às vezes podia parecer que um culto tinha crescido em torno de Welch, tão ardentes e acríticos eram seus admiradores.

No final de seu mandato, ele estava acumulando então extraordinários quatro milhões de dólares por ano. Seu pacote de aposentadoria foi generoso o suficiente para gerar comentários consideráveis, mas Welch não se importou. Ele era um super-homem (de negócios), e valeu a pena. Ele também conseguiu um acordo de 7,1 milhões por suas memórias, uma soma extraordinária para um homem que não tinha sido presidente (em 2004, Clinton iria receber entre dez milhões a doze milhões de dólares).

Após um longo e prolongado processo de gerenciamento, Jeffrey Immelt foi escolhido como sucessor da Welch. Welch saiu no final de 2000, e Immelt continua na posição até hoje.[1] Muitas coisas podem ter mudado na GE, mas o longo mandato dos seus principais executivos não é uma delas. Depois da GE, Welch escreveu vários outros livros, foi redator de uma coluna de jornal muito popular, dirigiu sua própria empresa e aconselhou várias outras organizações. Mais recentemente, ele lecionou em um curso de liderança na Sloan School of Management do MIT.

Com dez anos de retrospectiva, o legado de Welch parece talvez um pouco menos dourado do que quando ele abandonou uma GE em seu ápice há duas décadas. Na época, muitos que criticaram Welch por falta de compaixão e humanidade disseram que sua lógica fácil para destruir milhares de empregos era tanto míope quanto cruel.

Em 2001, John Cassidy escreveu no *New Yorker*: "Havia CEOs durões antes de Welch, mas nenhum deles fez tanto para elevar o darwinismo a uma filosofia empresarial. Do ponto de vista financeiro – o único que importa, ele diria – Welch foi um grande sucesso." Cassidy também notou: "Antes de sua posse, a maioria dos funcionários da GE passara toda a sua carreira com a empresa, e sabia que eles seriam cuidados quando se aposentassem. Essa empresa já não existe".

Se há um resumo perfeito do lado negativo do mundo dos negócios que Reagan e Thatcher criaram, é esse. Mas nesses tempos pós-recessão, muitas outras conquistas de Welch parecem ter perdido parte de seu brilho. De fato, até o próprio Welch tem criticado algumas das suas soluções da juventude. Em 2009, disse ao *Financial Times* que se arre-

---

[1] Jeffrey Immelt liderou a GE até agosto de 2017.

pendia da sua anterior obsessão pelo valor aos acionistas: "À primeira vista, o valor aos acionistas é a ideia mais estúpida do mundo. É um resultado, não uma estratégia... Suas principais preocupações são os seus colaboradores, os seus clientes e os seus produtos". Ele acrescentou: "A ideia de que o valor aos acionistas é uma estratégia é insana" (GUERRERA, 2009).

Mas, na verdade, a crítica mais contundente a Welch como gerente resume-se a uma única coisa: em vez de ser genuinamente um grande gerente, ele não passava de um engenheiro financeiro em uma onda de aquisições louca que estava essencialmente se aproveitando da maneira bastante dúbia com a qual os mercados valorizam as empresas. E ele sabia que, desde que proporcionasse um crescimento de ganhos decente, era provável que ninguém interferisse. A sua verdadeira genialidade, assim se diz, não foi uma abordagem agressiva e rebelde à gestão. Não foi nada mais do que um truque de prestidigitação financeira – um truque que ele aprendeu ao dirigir a GE Capital. Cassidy (2001) escreveu: "Verdadeiramente grandes empresários – como Alfred Sloan, o criador da General Motors... não confiam em truques financeiros. Eles constroem negócios duráveis que permanecem por décadas. Welch não fez isso".

Certamente que há algumas provas que sustentam essa afirmação. Em meados dos anos 2000, as ações da empresa atingiram um pico de cerca de sessenta dólares. Welch se demitiu em novembro desse ano. As ações nunca se recuperaram e, depois de ter oscilado ao longo da maior parte dos anos 2000 entre trinta e quarenta dólares, caíram de um penhasco na crise financeira. Em 2010, elas estavam sendo vendidas a cerca de quinze dólares. Em 2009, a GE foi demovida de AAA pelas agências de notação de crédito, notação que detinha desde 1956. Visto dessa forma, a longo prazo, o crescimento orgânico parece ser muito bom, e aqueles que criam lentamente, em vez de simplesmente comprar, vender e cortar não parecem tão estúpidos no final das contas. Na verdade, alguns chegaram ao ponto de chamar Welch de o homem que destruiu a GE, sobrecarregando-a com um legado tóxico sob a forma de GE Capital e esterilizando a sua capacidade de inovar. Colocando dessa forma, Welch soa como um gerente de curto prazo clássico e um escravo do valor aos acionistas em vez de seu mestre.

Mas, por outro lado, essa visão muito negativa é provavelmente um pouco injusta com Welch. Para começar, devemos ter em mente que ele se aposentou no final de 2000, de modo que nem todos os últimos dez anos podem ser colocados contra ele. Devemos lembrar também que o tipo de abordagem explosiva que era tão amada nos anos 1980, 1990 e início de 2000 é provavelmente a mais desacreditada nesse momento. Deveríamos, pelo menos, esperar até que a atual revisão do período seja revista. Devemos também notar que muito do que Welch fez precisava ser feito e que durante o seu mandato ele tomou um negócio profundamente antiquado (um conglomerado) e o transformou na maior empresa do mundo. Além disso, havia muitos outros conglomerados contemporâneos que não só não conseguiram prosperar, como não sobreviveram. Portanto, a história provavelmente não verá Neutron Jack como o homem que destruiu a GE – mas também é improvável que o veja como o maior gestor do século xx. Mais provavelmente, ele será visto como um homem que simbolizava uma época, e que foi tão moldado por ela quanto a moldou.

REFERÊNCIAS E LEITURAS ADICIONAIS

BYRNE, John A. "How Jack Welch runs GE", *Businessweek*, 8 jun. 1998.
CASSIDY, John. "Gut punch", *New Yorker*, 1 out. 2001.
GE. Disponível em: www.ge.com.
GUERRERA, Francesco. "Welch rues short-term profit 'obsession'", *Financial Times*, 12 mar. 2009.
HAYES, Thomas C. "Changing the guard at GE", 28 dez. 1980.
MCGINN, Daniel. "Saving Private Welch", *Newsweek*, 29 maio 2000.
NISSE, Jason. "'The lowdown: Neutron Jack flattens the bleeding hearts'", *Independent on Sunday*, 14 out. 2001
PETERSON, Holly. "How does he feel about letting people go? It is the most compassionate thing he can do", *Independent on Sunday*, 5 nov. 2009.
THE WELCH WAY. Disponível em: www.welchway.com.
WELCH, Jack. *Jack: Straight from the gut*. Nova York: Warner Books, 2001.

21
MICHAEL DELL

Michael Dell é um homem espetacularmente rico – 37º lugar na lista da *Forbes*, com um valor líquido de 13,5 bilhões de dólares – e por causa dos caprichos dos preços das ações foi consideravelmente ainda mais rico no passado. Além disso, ele enriqueceu espetacularmente cedo. Na verdade, se você olhar para o final da década de 1990, quando Dell estava em seus trinta e poucos anos, ele valia dez bilhões de dólares; se você voltar para o início da década de 1990, quando Dell estava em seus vinte anos, você vai encontrar uma abundância de artigos sobre como ele enriqueceu tanto e tão jovem. Embora o *boom* da internet tenha aumentado enormemente a sua riqueza, ele não a criou. Na verdade, ele fundou sua empresa em 1984, e ela decolou muito antes que a maioria das pessoas soubesse o que era uma pontocom.

A grande ideia de Dell não era nada impossível. Ela vendia computadores diretamente aos clientes, eliminando os intermediários. Não parece radical, mas foi essa visão que tiveram naquela altura. Diz-se que ele é um homem muito comedido. Seu espírito empreendedor (e fortuna enorme) à parte, é uma pessoa muito normal e privada. Ele não é comum no sentido que pessoas como Warren Buffett são – procure citações de Dell e não há muito na forma de sabedoria folclórica memorável. Ele é direto e pé no chão, e sua companhia reflete isso. Ele vende o que se tornou um item commodity. Os Dells são os cavalos de batalha do mundo da computação – sólidos, de bom valor e confiáveis. Claro, eles vão vender máquinas de ponta se você quiser, mas a Dell é aonde você busca quando procura um computador comum a um preço justo.

Dell nasceu em 1965, com pais de classe média. O pai dele era médico e a mãe, corretora. Tinham vivido em Nova York, mas, no início dos anos 1960, mudaram-se para Houston à procura de uma vida mais calma. Quando criança, Dell demonstrou um talento empreendedor precoce. Aos doze anos, ele ganhou dois mil dólares ao criar seu próprio leilão de carimbos e anuncia-lo em um diário de colecionadores de carimbos. Isso, disse ele, ensinou-lhe o valor de cortar intermediários. Aos dezesseis anos, conseguiu um emprego de verão vendendo assinaturas do *Houston Post*. Ao coletar comentários sobre quem comprou assinaturas, ele percebeu que tinha uma taxa de sucesso muito maior com os recém-casados e aqueles que tinham acabado de se mudar. Ele pagou aos amigos para procurarem essas pessoas e mirou nelas, enviando cartas. Nesse ano, ganhou dezoito mil dólares, que gastou numa nova BMW.

A história de Dell realmente começa quando ele foi para a faculdade – e esse é o material das lendas empresariais, já que uma das maiores empresas de informática do mundo realmente foi iniciada em um dormitório de faculdade. Em 1983, com dezoito anos, Dell era calouro na Universidade do Texas, em Austin, fazendo cursos pré-medicina. Ele tinha interesse em computadores desde que era jovem. Os computadores do tipo IBM que estavam se tornando o padrão eram bastante modulares no design. Dell percebeu que podia comprar componentes sobressalentes de varejistas locais, adicioná-los aos computadores e, em seguida, vender as máquinas personalizadas tendo um lucro saudável; de fato, logo ele estava fazendo uma pequena fortuna. Em 1984, criou uma empresa chamada PCs Limited, com sede em seu dormitório.

A razão pela qual esse negócio funcionou tão bem foi que os varejistas precisavam encomendar quotas de PC e componentes à IBM e frequentemente tinham estoques excedentes, que estavam dispostos a vender a Dell. Em seguida, ele vendeu diretamente por meio de anúncios em jornais e revistas, o que lhe permitiu cortar os varejistas. Isso não foi bem visto pelos seus pais, que estavam preocupados com o efeito da empresa nos seus estudos. Dell fez-lhes uma promessa: se o negócio começasse a ter dificuldades, ele voltaria para os livros. Em vez disso, ele estava ganhando cerca de oitenta mil dólares por mês. Ele não voltou para o segundo ano e, em vez disso, pediu trezentos mil dólares à família para expandir. Em 1985, a empresa lançou sua primeira máquina, o Turbo PC. A PC Limited já era reconhecida como a empresa que se tornaria – publicava na imprensa e vendia diretamente aos clientes. Cada PC podia ser customizado às especificações do comprador. Essa tem sido uma das marcas registradas da Dell – o conceito de personalização em massa. Como cada computador é construído sob medida a partir de um menu de opções, os desperdícios e inventários são amplamente eliminados – e os clientes ficam felizes, pois recebem exatamente o que precisam. A abordagem direta tinha também outros benefícios óbvios – significava que ele podia oferecer preços mais baixos e obter lucros mais elevados. Logo a empresa mudou seu nome para Dell Computer Corporation.

A empresa cresceu rapidamente. Em 1987, abriu uma filial no Reino Unido e, em 1988, abriu o capital. O preço das ações foi de US$8,50, e Dell tinha 23 anos; a empresa que ele criou valia cerca de oitenta milhões de dólares. Em 1989, havia relatado vendas de US$257,8 milhões. Quando Dell tinha 24 anos, a revista *Inc.* nomeou-o Empresário do Ano. Em 1990, a empresa abriu uma fábrica na Irlanda – um dos primeiros exemplos de investimento estrangeiro que caracterizaria a economia do "Tigre Celta". Em 1989, a empresa lançou o seu primeiro laptop, e, em 1992, juntou-se à Fortune 500. Dell foi o mais jovem CEO da Fortune 500 da história, ainda confortavelmente na casa dos vinte anos. A empresa teve alguns percalços durante esse período – em 1990, fez algumas más escolhas de chips, e seus primeiros laptops foram problemáticos, mas esses foram contratempos comparativamente pequenos.

É válido notar aqui que, embora Dell estivesse no lugar certo na hora certa e tenha dado de cara em uma ideia que em retrospecto pareça óbvia, ele era incrivelmente dedicado. Aos vinte anos, trabalhava dezoito horas por dia, muitas vezes sete dias por semana. E só reduziu essa jornada quando teve filhos e por insistência da mulher.

Em meados dos anos 1990, a Dell passou de grande a enorme. O crescimento do mercado de PC no início da década tinha sido inexistente, uma vez que os efeitos da recessão ainda estavam sendo sentidos, e 1993 foi um ano particularmente ruim para a empresa. Pouco tempo depois, as coisas começaram a retomar seu ritmo quando a internet decolou. Enquanto anteriormente um PC em casa era usado para escrever cartas, organizar finanças e jogar alguns jogos, ele estava se tornando muito, muito mais que isso. O mercado de PCs explodiu, e com ele a fortuna da Dell. Em 1995, as ações tinham subido para cem dólares. Em 1996, a companhia lançou o dell.com; logo, o site estava fazendo negócios equivalentes a um milhão de dólares em um dia. Em 1997, enviou o seu décimo milionésimo computador. Em 2000, ela estava ganhando cinquenta milhões de dólares por dia através do site, e, no ano seguinte, tornou-se a maior fabricante de computadores por quota de mercado.

A empresa também estava se diversificando. Após os problemas iniciais, seus laptops se tornaram um enorme sucesso – e laptops são muito lucrativos. Também entrou nos mercados de servidores e periféricos, tais como impressoras e monitores. A empresa era bastante incomum de várias maneiras inesperadas. Em vez de instalar as suas fábricas na Ásia de baixo custo, a empresa instalou-se em grande parte no Ocidente, o que lhe permitiu responder muito rapidamente com as suas máquinas de construção por encomenda. A Dell também foi uma das primeiras a adotar políticas verdes em uma indústria que tem sido frequentemente acusada de negligenciar o meio ambiente.

Tal como acontece com muitas outras empresas de tecnologia, as cotações máximas da Dell ocorreram em torno do *boom* das pontocom. Ela sofreu uma queda acentuada na quebra – mas não tão acentuada, pois era hardware, e não vaporware – e, em meados da década, recuperou-se consideravelmente. Em 2004, Dell renunciou ao cargo de

CEO, embora tenha permanecido como presidente. Dell e sua esposa também se tornaram grandes filantropos, no estilo de Buffett e Gates. Ambos contribuíram com o valor máximo admissível para a campanha de reeleição de George W. Bush – embora, como conhecem os Bush e são texanos, talvez isso seja menos notável do que parece.

No final da década de 1990, o destino da empresa sofreu uma forte inversão, e o que antes era a sua vantagem competitiva passou a ser o calcanhar de Aquiles. Quando Dell se retirou, a empresa estava vendendo mais computadores nos Estados Unidos do que seus quatro maiores rivais combinados. Mas logo as coisas mudaram e a HP se tornou a melhor corredora. A razão para isso foi o aumento do laptop de consumidor, seu irmão menor, o netbook, e outros dispositivos digitais que permitiam que as pessoas acessassem a web. O problema era que os consumidores gostavam de comprar esses itens nas lojas, onde podiam vê-los antes de comprá-los. Além disso, uma vez que os computadores portáteis não se beneficiam de uma "personalização em massa", as fábricas dos EUA se tornaram subitamente um custo elevado e não uma fonte de vantagem competitiva. A Dell também tem sido historicamente fraca do lado dos aparelhos de consumo – e, como a Apple tinha demonstrado, havia muito dinheiro a se ganhar com isso.

Em 2007, a pedido do conselho, Dell voltou como CEO e para um ambiente muito mais difícil do que o que ele tinha deixado; a empresa não estava apenas um passo atrás, mas numa crise financeira. Entretanto, ele fez grandes mudanças. Realizou acordos com varejistas como o Walmart e reformulou as linhas de notebooks e subportáteis da empresa. (Outras inovações, como a defesa do Linux pela empresa, foram menos bem-sucedidas.). Ele também abriu fábricas na China. Os resultados estão longe de ser uma solução rápida, mas lentamente a empresa parece estar dando a volta por cima: recentemente, empurrou a Acer de volta ao número três e recuperou o segundo lugar. Se ela pode ou não recuperar a *pole position* permanece a ser visto. Na verdade, é interessante notar que Dell, como tantos fundadores de empresas (por exemplo, Jobs e Schultz), encontrou-se tendo uma segunda tentativa em seu emprego após o negócio que ele criou ter afundado quando o deixou.

REFERÊNCIAS E LEITURAS ADICIONAIS

ARTHUR, Charles. "The all american Dell boy", *Independent*, 29 mar. 2000.
CORCORAN, Elizabeth. "Dell gives what people want", *Washington Post*, 8 jul. 1998.
_____. "The direct approach: the thriving Michael Dell keeps honing PC sales tactics", *Washington Post*, 1 jul. 1998.
DELL, Michael S. *Direct from Dell*, 2000.
INSANA, Ron. "Dell knows his niche and he'll stick with it", *USA Today*, 5 abr. 2004.
LYNN, Matthew. "PC whizz kid piles up the billions", *Sunday Times*, 26 abr. 1998.
REISCHEL, Diane. "Michael Dell: he wasn't a people person but he knew PCs. Now he's programmed that talent to become a computer mogul at 24", *Dallas Morning News*, 28 jan. 1990.
SHACK, Justin. "Dell's revival runs into trouble", *Wall Street Journal*, 28 de nov. 2010.
SUNDAY TIMES/CALGARY HERALD. "Computer tycoon lives in fear", 5 jan. 2003.
THE BUSINESS JOURNALS. "Hoover's, Profile: Dell Inc." Disponível em: http://www.portfolio.com/executives/features/2008/06/16/Michael-Dell-Returns-to-Dell-Inc/.
VANITY FAIR, Michael Dell.

22
TOM PETERS!

Tom Peters é maluco? Muita gente parece pensar assim, talvez até o próprio Tom Peters. Perguntas mais sérias são: Ele é bom? Ele é um bom pensador de gestão? Por que ele tem tanto sucesso? Por que ele é tão popular? Todas essas são boas perguntas e todas são perguntas que precisamos fazer sobre o fenômeno extraordinário que é Tom Peters.

Numa era em que todos, desde as empresas de eliminação de resíduos, passando pelas consultoras, até as subcomissões dos governos locais, dedicam-se à procura e ao caminho para a "excelência", é fácil esquecer que o que é hoje o maior de todos os clichês de gestão foi, em grande medida, da responsabilidade de um só homem. Num mundo em que a maioria das livrarias tem seções inteiras dedicadas ao híbrido, peculiarmente moderno, que é o livro de autoajuda de gestão, vale a pena recordar que há pouco mais de uma geração essa indústria mal existia. Numa cultura em que todos reconhecem (mesmo que desprezem) o valor e a utilidade da celebridade, é estranho refletir que um consultor de gestão (da McKinsey & Co, de todos os lugares) fez uso disso no início dos anos 1980. Certamente nenhum guru de administração havia usado o ponto de exclamação como ele.

No final de 1982, *Vencendo a crise*, de Tom Peters e Robert Waterman, foi publicado e mudou a forma como os gurus de gestão eram vistos para sempre. O que antes era considerado um departamento menor foi subitamente colocado sob os holofotes. *Vencendo a crise* foi, por qualquer padrão, um incrível best-seller, movimentando cerca de três milhões de cópias nos seus primeiros quatro anos. Transformou um dos seus autores num nome conhecido, fazendo de Tom Peters uma megaestrela. No entanto, mesmo com toda a popularidade de Peters, que tem resistido muito solidamente nas três décadas desde então, há muitos que o denunciam como um charlatão vistoso e faminto por fama, um terno vazio que nada mais é do que estilo acima de substância; na verdade, às vezes até o próprio Peters diz essas coisas. De uma forma engraçada, tanto os seus apoiadores quanto os seus detratores estão provavelmente certos.

Peters nasceu em Baltimore, Maryland, em 1942 (com um bastão de lacrosse nas mãos, segundo seu site). Seu pai trabalhava para a Companhia de Gás de Baltimore e sua mãe era professora. Ele frequentou a conhecida Severn School de Maryland e estudou na Cornell University, onde obteve um bacharelado e depois um mestrado em engenharia civil, tendo originalmente desejado ser arquiteto. Em 1966, foi destacado para o Vietnã como Seabee da marinha (o corpo de engenharia da marinha, que construía estruturas como pontes); a sua segunda missão (à qual sua biografia nota que ele "sobreviveu") foi no Pentágono, e ele foi despedido em 1970. O seu tempo no exército teve uma profunda influência no que escreveria posteriormente sobre gestão, e mais tarde disse que as suas duas rondas de serviço foram a melhor formação em gestão que poderia ter tido.

Depois do Vietnã, a marinha pagou para que ele fosse para Stanford, onde fez um MBA e depois um doutorado em ciência da decisão e comportamento organizacional. Depois de Stanford, ele tomou outro rumo interessante: de 1973 a 1974 foi assessor de abuso de drogas da Casa Branca. Depois de tudo isso, finalmente encontrou a sua vocação.

Entrou para a McKinsey & Co em 1974; mais tarde, ele diria que caiu em consultoria de gestão inteiramente por acaso.

Foi o seu trabalho ali, nos anos 1970, que constituiu a base de *Vencendo a crise*. Especificamente, foi uma tarefa atribuída a ele e Waterman em 1977, chamada de Projeto Organização. A dupla era então baseada no escritório de São Francisco, que era visto como um fim de mundo, e o projeto não era considerado muito importante. (Na verdade, o projeto tinha um semelhante muito mais conceituado, que não foi a lugar nenhum.) No entanto, Peters foi autorizado (e financiado) a viajar pelo mundo e falar com as pessoas sobre equipes e organizações. Em 1979, ano em que se tornou sócio, foi lhe pedido que criasse uma apresentação baseada nas suas descobertas para a Siemens; ele apareceu com setecentos slides (Peters é lendário por suas apresentações de PowerPoint). Em cima disso, pediram que montasse algo mais sucinto para a PepsiCo. Foi assim que ele criou seus oito princípios (veja o quadro a seguir).

Em busca da excelência – os oito princípios de Peters e Waterman para empresas de sucesso

1 Inclinação para agir – "seguir em frente"

2 Proximidade com o cliente – aprender com as pessoas atendidas pela empresa

3 Autonomia e espírito empresarial – promover a inovação e fomentar os "campeões"

4 Produtividade através das pessoas – tratar os funcionários comuns como uma fonte de qualidade

5 Filosofia de gestão prática e voltada para o valor, e que oriente a prática diária – uma gestão que demonstra o seu compromisso

6 Foco – permaneça com o negócio que você conhece

> 7   Forma simples, equipe enxuta – algumas das melhores empresas têm uma equipe mínima em sua sede
> 8   Lideranças e práticas flexíveis e firmes ao mesmo tempo – autonomia nas atividades do chão da loja além de valores centralizados
>
> Peters diria mais tarde que ele e seu coautor esqueceram a necessidade de velocidade e a crescente importância da globalização.

Em 1981, Peters deixou a McKinsey para fundar sua própria consultoria e, no ano seguinte, publicou *Vencendo a crise* com um colega da McKinsey, Robert Waterman. O livro seleciona 43 empresas norte-americanas que Peters e Waterman tinham estudado enquanto estavam na McKinsey, e conta histórias emocionantes sobre como alcançaram a excelência. Numa época em que os livros de gestão eram tão secos como túmulos do deserto, *Vencendo a crise* era altamente acessível.

A reação crítica ao livro não foi unânime. Muitos avaliadores ficaram ofendidos com o estilo da escrita. A revista do *New York Times* disse:

> Não, esse não é um manual de instruções mal traduzido para um brinquedo japonês. Essas são as soluções dos autores para a atual crise de produtividade americana. É por isso que digo: se a linguagem que os senhores Peters e Waterman falam reflete bem o pensamento atual do empresário americano, então estamos no fundo do caldeirão, com a água muito perto do ponto de ebulição.

O avaliador teve a decência de acrescentar: "Perdido no nevoeiro sintático de *Vencendo a crise* está uma boa ideia para um livro".

Talvez a crítica mais dura de todas tenha vindo dos colegas consultores da dupla. Muitos na McKinsey viram o livro como populismo barato que humilhava o trabalho sério que eles faziam. Peters diria mais tarde que nada o preparou para os ataques maldosos dos seus antigos colegas. Mas, em última análise, não importava o que as pessoas da empresa ou do *New York Times* pensavam: as zombarias da elite empresarial podem tê-lo magoado, mas não prejudicaram as vendas. Seu livro foi um sucesso de vendas, não era mais um livro acadêmico, e foi um sucesso maior do que seus autores (ou editores, ou qualquer outra pessoa) poderiam ter imaginado.

O *timing* de Peters foi requintado. Em 1982, os Estados Unidos sofriam de um período de introspecção e insegurança (que, aliás, foi bastante espelhado pela sua depressão pós-crise bancária de 2010). O país tinha sofrido uma derrota no Vietnã e depois assistiu à estagnação da sua grandeza industrial nos anos 1970. Houve a decepcionante presidência de Carter, e depois a recessão de Reagan no início dos anos 1980. Naqueles dias longínquos, parecia que o Japão poderia dominar o mundo. (No auge econômico do Japão, o terreno do Palácio Imperial em Tóquio era considerado mais valioso do que toda a Califórnia.) Os americanos queriam pessoas que pudessem lhes dizer que podiam ser grandes novamente e em seus próprios termos. Eles tinham, afinal, escolhido Reagan em vez de Carter.

No entanto, não foi só isso. O mercado americano de livros de autoajuda também estava prestes a decolar. Peters e Waterman se viram montados na crista de uma onda dupla. Para ser justo, o próprio Peters estava ciente e mais tarde diria que *Vencendo a crise* era um "livro decente com *timing* perfeito". Na verdade, o livro tornou-se o primeiro título de gestão a conquistar o primeiro lugar na lista de best-sellers do *New York Times*. A sua sequência, *A passion for excellence*, foi o segundo. Os dois autores eram claramente muito diferentes: o ebuliente (e alguns poderiam dizer egoísta) Peters usou o livro como uma plataforma de lançamento para o superestrelato. O mais tranquilo Waterman permaneceu um consultor de gestão na McKinsey, e em seguida saiu para lançar sua própria empresa. Colecionadores de trivialidades gerenciais podem estar interessados em saber que ele também preside a Restless Leg Foundation.

Peters rapidamente descobriu que tinha um gosto pelos holofotes e aproveitou a oportunidade para se transformar em algo inteiramente novo – o guru de gestão que é celebridade. Num artigo do ano 2000, a revista *Red Herring* escreveu:

Durante o meio dessa década decadente, enquanto Michael Jackson estava fazendo *moonwalks* até o topo das listas da MTV, o sr. Peters estava explodindo a um status de rock star na indústria multimilionária de guru de negócios que ele inventou praticamente sozinho... Mas sr. Peters provou ser mais do que apenas um autor; quase da noite para o dia, ele se desabrochou em um artista na escala de Elvis. Por sua própria estimativa, em 1985, ele realizou mais de 150 de seus encontros baderneiros, às vezes invadindo duas cidades por dia. No final da década, ele estava cobrando até cinquenta mil dólares por aparição, assegurando seu status como o indiscutível uberguru de todos os tempos.

Peters era uma máquina. *Vencendo a crise* foi seguido pelos títulos *Prosperando no caos, Liberation management, A busca do uau!* e *Seminário de Tom Peters: tempos loucos exigem organizações malucas.*

Todos eram diretos e óbvios e tinham uma espécie de populismo brega – e eram vendidos aos montes. No total, desde 1982, ele escreveu quatorze livros, o que seria uma vida de trabalho bastante decente para a maioria das pessoas, mas isso foi feito em cima de um calendário incrivelmente agitado de palestras e aparições para as quais ele foi pago somas com que a maioria dos consultores só poderia sonhar.

Com a década de 1980 se transformando na década de 1990, muitas pessoas começaram a expressar a opinião de que, mesmo que certa vez ele pudesse ter tido um ponto de vista, Peters tinha se tornado (para usar uma palavra que ele gostava) louco. Como você poderia levar um homem com esse tipo de energia de jardim de infância, cujos pronunciamentos pareciam tão loucos, a sério – especialmente quando ele parecia estar errado tantas vezes? Mas, em vez de rejeitar essas provocações, Peters concordava com elas. Uma de suas próprias descrições da época era "um príncipe da desordem, campeão de fracassos ousados, maestro de entusiasmo, barulhento profissional, líder de torcida corporativo, amante de mercados, porco capitalista e membro e portador de cartão da ACLU".

Contudo, algumas críticas eram muito mais ponderadas e substanciais. Em 1984, a *Businessweek* publicou uma reportagem de capa intitulada "Oops! Quem é excelente agora?", que observou que um terço das 43 excelentes empresas de Peters estavam tendo problemas dentro de cinco anos após terem sido designadas excelentes por Peters. Mais tarde, em 2001, a *Fast Company* publicou um artigo sugerindo que alguns dos dados das pesquisas podem ter sido falsificados. Em um *plot twist* peculiar, o artigo foi creditado ao próprio Peters, embora posteriormente tenha acabado por ser um "como dito por". Em 2003, Chris Blackhurst (2003), do *Evening Standard*, escreveu: "[Peters] provavelmente propaga mais baboseira que qualquer outra pessoa no planeta". Blackhurst também observou que o problema mais profundo de Peters era que seu próprio passado era "muito suspeito" e que ele usava seus erros para ganhar ainda mais dinheiro, acrescentando que "Ele quer que sua lápide diga: 'Thomas Peters – sabia jogar'. Ele era um jogador, está bem? Se era bom ou não é uma discussão diferente".

Como citado na *Economist* (2009), por Kathryn Harrigan, professora de liderança empresarial na Columbia Business School: "Os americanos estão em cultos, particularmente o culto à personalidade. Eles estão todos à procura da receita do sucesso, e Tom Peters tirou o melhor aproveitamento disso. As pessoas sabiam exatamente onde encaixá-lo". Enquanto isso, a própria *Economist* (2009) opinou com: "Ele vendeu suas teorias de excelência com a exuberância e o zelo evangelístico de um vendedor de xarope para tosse do século XIX".

Mas, mais uma vez, em vez de refutar a crítica, Peters divertiu-se com ela. Em uma entrevista de 2008 com Stefan Stern, do *Financial Times*, ele disse:

> Eu digo às pessoas: "Você fez um mau negócio pagando para me ver. Não tenho nada de novo para dizer. Vou simplesmente lembrá-lo do que você sabe desde os 22 anos e, no calor da batalha, esqueceu-se." Você teria de ser um desses pregadores de televisão para acreditar que vai trabalhar com um grupo de quinhentas pessoas e mudar suas vidas. Antes de tudo, a maioria deles concorda contigo. Você não paga mil libras [por cabeça] para assistir a alguém se você acha que o cara é um idiota.

Na verdade, ele pode, por vezes, parecer completamente incorrigível. Quando perguntado sobre uma matéria na *Fortune* que dizia que tinha perdido a cabeça, ele respondeu: "No auge da bolha da internet, você tinha uma avaliação para a Microsoft três vezes do tamanho da IBM. Então, isso é uma espécie de loucura! Essa é a minha mensagem! 'Você devia estar maluco num momento de maluquice!'" Ele também disse: "Estou orgulhoso da inconsistência também! Ser totalmente consistente perante os desafios dramáticos é uma bobagem!" No entanto, ainda que isso realmente soe ridículo e como se Peters estivesse tentando ganhar dos dois lados; pode haver um resquício de uma verdade mais profunda aqui – que o "pensamento de gestão", muitas vezes, não é como a ciência dura e preditiva que muitos dos seus praticantes mais mente fechada acreditam ser. Afinal, se errar fosse o suficiente para destruir reputações, os departamentos de administração de escolas de negócios se assemelhariam à história do navio *Mary Celeste*.

Por outro lado, talvez estejamos olhando para isso da forma errada. Tom Peters pode não agir como um pensador de gestão sério. Já que ele poderia não ser um. Em vez disso, ele é uma mistura de guru de gestão, especialista em autoajuda, orador motivacional e pregador renascido. Seja qual for o caso, Peters e suas legiões de fãs permanecem inteiramente tranquilos com essas questões, e ele continua acumulando dinheiro.

Isso pode ser a coisa mais irritante de todas para os seus detratores. Não deve haver nada mais desagradável do que ver alguém se comportando como um pop star, publicando coisas que se considera bastante superficiais, até admitindo às pessoas que é, em certa parte, besteira – e depois vender cem vezes mais do que os autores sérios. A gestão "séria" olha para Peters com uma mistura peculiar de desprezo, espanto e inveja. Ainda assim, essa tem sido a história da alta arte versus baixa arte por centenas de anos, e não há razão para que o que é verdade sobre livros e teatro não seja verdade sobre gestão.

Talvez aqueles que praticam a administração *haute* devam ter a mesma abordagem. Peters possui muitos dos atributos de um animador de festa populista e brega. É um pouco como o famoso gracejo do Clive James sobre Barry Manilow: "Ninguém que você conhece gosta dele, mas todo mundo que você não conhece acha que ele é fantástico." Tom Peters – o Barry Manilow da gerência.

REFERÊNCIAS E LEITURAS ADICIONAIS

BLACKHURST, Chris. "Master of reinvention", *Evening Standard*, 1 out. 2003.
ECONOMIST. "Guru: Tom Peters", 26 mar. 2009.
GIBB, Robina. "Listen to my story", *Scotsman*, 23 maio 1998.
LEONARD, Carol. "Millionaire marketing guru who reigns supreme", *Times*, 5 dez. 1992.
PARKER, Ciaran. *The Thinkers 50: The World's Most Important and Influential Business Thinkers*. Londres: London Business Press, 2006.
PETERS, Tom; WATERMAN, Robert. *In Search of Excellence: Lessons from America's Best-Run Companies*. Nova York: Harper & Row, 1982.
RED HERRING. "The 1980s will be remembered for many things: leveraged buyouts...", 1 set. 2000.
SEID, Dennis. "In search of Tom Peters", *Northeast Mississippi Daily Journal*, 2 nov. 2007.
STERN, Stefan. "It's about getting stuff done: lunch with the FT", *Financial Times*, 22 nov. 2008.
TOM PETERS. Disponível em: www.tompeters.com.

23
RICARDO SEMLER

Ricardo Semler é provavelmente mais conhecido por seu livro de 1993, *Virando a própria mesa: uma história de sucesso empresarial made in Brazil*. Os títulos das publicações de negócios são muito dados à hipérbole, mas Semler é o artigo genuíno. Ele é pouco ortodoxo e iconoclasta; provavelmente o CEO mais estranho e original dos anos 1990. Ele rasgou o manual e disse aos seus funcionários que podiam fazer o que quisessem. Comparado com ele, a maioria dos chamados homens de negócios radicais são conservadores que mal mudaram algo.

Ao longo dos anos, a sua empresa, a Semco, tem sido uma espécie de estranho laboratório industrial, onde a resposta às mais estranhas noções de gestão parece ter sido sempre "Sim, vamos tentar". Ele levou o empoderamento até onde era possível – até o ponto em que basicamente deixou os funcionários dirigirem o negócio. Ninguém esperava que funcionasse. Mas funcionou... e brilhantemente. Como escreveu o pensador britânico Charles Handy, "A forma como Ricardo Semler dirige a sua empresa é inacreditável, exceto que funciona e funciona esplendidamente para todos". No entanto, apesar dos milhares de consultores que rastejaram por sua empresa e das centenas de artigos que foram escritos sobre sua maneira de fazer as coisas, a Semco continua sendo única. Apesar de todo o sucesso do radicalismo de Semler, ele não foi imitado. Na verdade, essa bizarra e maravilhosa empresa brasileira existe como uma espécie de utopia organizacional, um lembrete de como as coisas podem ser, em vez de como são.

Os primeiros anos de Semler foram os de uma criança típica da elite brasileira. Seu pai, um austríaco de nascimento, fundou a Semco na década de 1950, e a empresa tornou-se uma fabricante de bombas e compressores industriais; foi razoavelmente bem-sucedida, mas de forma alguma notável. O jovem Ricardo era claramente brilhante e – ao contrário das crianças mimadas com quem cresceu – tinha uma forte vontade de fazer as coisas acontecerem. Ele foi rejeitado por Harvard duas vezes porque era muito jovem, até que eventualmente conquistou uma vaga, escrevendo para o reitor e salientando que, no passado, os monarcas de catorze anos de idade tinham liderado países inteiros. Semler diz que foi a pessoa mais jovem a frequentar a Harvard Business School.

Em 1982, aos 21 anos, ele assumiu a fábrica de seu pai. É verdade que 21 anos é uma idade muito nova para fazer tal coisa, mas o pai de Semler podia ver que seu filho estava inquieto e não queria que ele procurasse sua fortuna em outro lugar. Também dizem que ele afirmou: "É melhor cometer seus erros enquanto ainda estou vivo." Naquela época, a Semco era um negócio hierárquico bastante padrão, que empregava um bom número de parentes de Semler; era, em suma, a norma latino-americana, e Semler começou sendo um CEO bastante normal.

Mas, claramente, o jovem de 21 anos tinha muito a provar – especialmente porque, no início da década de 1980, a economia brasileira estava em um estado terrível. Assim, Semler passou a tentar aprender tudo o que podia sobre a empresa, viajando pelo mundo e trabalhando dezesseis horas por dia. A carga de trabalho logo teve seu preço: ao visitar uma fábrica no estado de Nova York, Ricardo teve um colapso. Os médicos não encontraram nada de errado com ele, mas avisaram-no que o seu estilo de vida era um bilhete para um ataque cardíaco precoce.

Semler tomou nota e resolveu melhorar o equilíbrio entre vida profissional e pessoal. Ele tinha sido um controlador obsessivo e uma pessoa focada nos detalhes. Começou a se perguntar o que aconteceria se ele fosse exatamente o oposto. E se, em vez de controlar todo mundo, ele lhes dissesse que podiam fazer o que quisessem? Se ele tornasse todos completamente responsáveis por suas ações, eles agiriam de forma responsável? A verdadeira democracia industrial poderia funcionar? Isso, em poucas palavras, era a visão de Semler. Em 1983, começou a conspirar para democratizar o negócio de seu pai. Muitos em toda a empresa, de cima a baixo, não ficaram impressionados com seus planos, e ele acabou comprando a parte de uma série de membros do conselho da família para que saíssem.

De certa forma, o que ele propôs não parece tão radical hoje em dia. Era sobre a partilha de lucros, o empoderamento dos trabalhadores e tornar o local de trabalho mais humano, mas onde Semler diferiu é que ele levou cada uma dessas ideias ao seu extremo lógico. Isso foi, completamente radical. Também vale lembrar que ele fez isso no início dos anos 1980, no Brasil, onde a hierarquia de gestão típica era algo com o qual os vitorianos provavelmente se sentiriam muito confortáveis.

Ele dividiu o negócio em unidades fabris altamente autônomas. Desmontou a hierarquia, deixando apenas três níveis entre o topo e o chão da fábrica, e aboliu todos os títulos – uma condenação na América do Sul apegada ao status. Semler basicamente inverteu a pirâmide de gestão. Qualquer um podia ver os livros da empresa. Os trabalhadores avaliavam o desempenho da gerência, incluindo o seu próprio desempenho. Era uma democracia industrial. Em 1988, no *Financial Times*, Laura Leme, que trabalhava na diretoria, afirmou: "Houve resistência tanto por cima como por baixo. A sociedade brasileira é extremamente autoritária. As pessoas na parte inferior não queriam a responsabilidade e muitos gerentes simplesmente não conseguiam se acostumar a ter suas ordens desafiadas. De outubro de 1985 a janeiro de 1987, um terço da direção saiu da empresa. Depois as coisas melhoraram."

Semler tornou-se um dos seis conselheiros que alternavam o cargo de CEO. Todos os gerentes eram classificados por seus funcionários –

se você caísse demais estava fora, e isso se aplicava a Semler também (embora ele tenha a maior parte da empresa). Os funcionários definem seus próprios salários. As unidades industriais foram autorizadas a empregar até cem pessoas; qualquer coisa maior que isso era dividida, o que significa que você poderia ter várias unidades operando em um local. Foi-lhes permitido ir e vir como quisessem; como votaram pela abolição do relógio de ponto, podiam trabalhar de casa; podiam tornar-se consultores. Os funcionários podem votar sobre a contratação ou não de pessoas. A participação nos lucros foi instituída e em grande medida – quinze por cento. No final dos anos 1980, isso estava funcionando – e funcionando bem.

Os seis princípios de Semler

1 Não aumente o tamanho do negócio desnecessariamente
2 Nunca deixe de ser um iniciante
3 Não seja a babá dos seus empregados
4 Deixe o talento encontrar seu lugar
5 Tome decisões de forma rápida e aberta
6 Faça parceiros com rapidez, você não pode fazer tudo sozinho

Em 1988, Semler publicou seu primeiro livro, *Virando a própria mesa*. Vendeu 45 mil cópias em três meses. O livro não era um elogio ao estabelecimento industrial brasileiro e à sabedoria convencional: dizia que o negócio brasileiro era conservador, destinado a servir interesses particulares, e murcharia e morreria quando o país abrisse suas portas à concorrência estrangeira. Em seguida, veio uma entrevista à *Veja*, a revista semanal de notícias mais conhecida do país, em que ele voltou a criticar o estabelecimento comercial. Como dizia o *Financial Times*, "Tudo isso poderia ser tratado como os gritos de uma criança mimada se não fosse o sucesso notável de Semler como empresário". Com efeito, todos os que rezaram para que esse sucesso industrial desmoronasse ficariam muito decepcionados: em 1980, a Semco teve vendas de quatro milhões de dólares. Em 1987, tinha vendas de 39 milhões de dólares. O crescimento, por qualquer padrão, foi impressionante e, para padrões brasileiros, foi nada menos que surpreendente. Além disso, a empresa tinha diversificado a sua base simples em dezenas de áreas.

A história da Semco ficou ainda mais peculiar – em 1993, a empresa tinha apenas duzentas pessoas na folha de pagamento. Os outros trabalhavam indiretamente, quer como consultores, operando as suas próprias empresas no âmbito da empresa maior, quer como trabalhadores independentes e, muitas vezes, trabalhando a distância. Semler passou de *enfant terrible* a um homem que o estabelecimento admirava e com quem queria aprender. Ele foi eleito Empresário Brasileiro do Ano em 1990 e novamente em 1992. A companhia foi aclamada como a mais bem-sucedida reformulação de uma empresa de negócios do mundo; seu sucesso foi ainda mais notável quando se considera o estado da economia brasileira, que havia experimentado hiperinflação no início da década de 1990.

O que realmente trouxe Semler ao conhecimento de todo o mundo foi a publicação, em 1993, de *Maverick!*, que era uma tradução para o inglês de *Virando a própria mesa*. Ele se tornou um best-seller global de negócios. Tal como acontece com muitos fenômenos editoriais, o seu *timing* estava certo. O Ocidente há muito tempo importava do Japão a sabedoria dos negócios estrangeiros, mas a estrela asiática tinha perdido o seu brilho e acabado de entrar na sua década perdida. Além disso, as primeiras agitações da revolução pontocom eram sentidas. Havia um grande apetite por novas ideias, e um radical brasileiro se ajustava ao projeto perfeitamente. *Maverick!* fez de Semler uma superestrela da mídia, e o público de negócios o devorou. Semler seguiria esse livro com *The seven day weekend: changing the way work works*, em 2003.

Durante os anos 2000, o envolvimento de Semler na estranha e maravilhosa empresa que criou (ou reformulou) diminuiu. Em muitos aspectos, isso era inevitável – ao ceder tanto poder a outros, ele transformou o cargo de CEO em um emprego de meio período. A empresa estava basicamente se administrando sozinha, e ele brincou que estava mais ou menos desempregado. Em 2003, a Semco tinha uma receita anual de 212 milhões de dólares, ou cerca de cinquenta vezes mais do que tinha sido quando Semler, de 21 anos, assumiu o comando. Em termos de outras medidas mais semlerescas de sucesso, a substituição de funcionários foi inferior a um por cento ao ano.

Felizmente, ele tinha outros interesses, e voltou suas atenções para a educação. Passou sete anos examinando escolas democráticas e, em 2003, abriu uma instituição em São Paulo chamada Escola Lumiar, que usava muitas das ideias que fizeram da Semco um sucesso e as redirecionou para a educação da juventude brasileira. Não havia salas de aula ou dever de casa, nenhum aprendizado que os alunos não quisessem, e nenhum professor, mas sim mentores em tempo integral e especialistas em tempo parcial. A experiência radical de Semler na educação também não foi uma espécie de estufa privilegiada para os filhos dos ricos; pelo contrário, 75 por cento dos alunos eram crianças bolsistas de comunidades pobres. Existem agora três dessas escolas. As suas outras atividades incluem a promoção da democracia industrial e das causas ambientais.

Semler e Semco são ambos, sem dúvida, grandes sucessos, mas há uma grande questão pendente sobre tudo isso: se essas ideias são tão brilhantes, por que não estão por todo lado? Por que a Semco ainda é um brilhante caso isolado? O próprio Semler tentou responder a essa pergunta. Em uma entrevista de 1993 ao *Guardian*, ele disse: "O principal problema que aflige todas essas empresas é a autocracia. Os Estados Unidos, a Grã-Bretanha e o Brasil são muito orgulhosos dos seus valores democráticos na vida cívica, mas ainda não vi um local de trabalho democrático. Essa é a difícil transição que está acontecendo. Estamos ainda constrangidos por um sistema que não permite a democracia nos negócios ou no local de trabalho" (KEEGAN, 1993). Ele também disse: "Não há nada no sistema que ajude as pessoas a confiarem e deixarem de controlar. Eu sei que quando eu deixar as coisas se desconstruírem vai ser melhor, mas muitos não sabem disso. Abandonar o controle é algo que nenhum de nós faz bem em qualquer aspecto das nossas vidas".

Ele também sugeriu que outra razão pela qual a Semco não é muito imitada é que outras empresas que experimentam seu modelo acabam tomando o caminho do coletivismo. Ele também observa que, durante o *boom* das pontocom, parecia que seu modelo anárquico, mas democrático, poderia finalmente ter seu momento ao sol. "Eles diziam: esta coisa da Semco se encaixa! Eles tinham pufes na recepção. Mas isso não levou a lugar nenhum. Assim que os seus negócios começaram a ficar sérios, começaram a ter escritórios de esquina e duas secretárias."
Há certamente algum crédito nisso, e isso rima com outra das suas observações que pode estar mais próxima da verdade: que o sistema que temos promove o tipo errado de líderes, o tipo explosivo de executivos masculinos, ambiciosos e motivados, mas um pouco sociopáticos e emocionalmente atrasados, que é o estereótipo cômico do aluno de MBA que todos conhecem.

Aqui também há alguma verdade. É provável que uma das maiores razões pelas quais não há mais Semlers é que pessoas como ele não sobem muito alto na maioria das empresas. Paradoxalmente, portanto, a única pessoa em posição de instituir a democracia industrial é alguém que herdou o seu emprego. Semler era uma espécie de Gore Vidal industrial – e os mais bem colocados para zombar e subverter uma elite, muitas vezes, estão dentro dela. Eles entendem como ela funciona e não se impressionam com as armadilhas do poder. No entanto, você também precisa de caráter e intelecto – e poucos que vem de famílias ricas tentam atacar o sistema ao qual eles devem sua posição. Semler tinha caráter e intelecto, e eles fizeram dele uma verdadeira estranheza – meio empresário, meio filósofo ou pensador. Poucas pessoas têm a chance de dirigir uma empresa séria aos 21 anos – e dessas, um pequeno subconjunto provavelmente vai querer derrubar todas as tradições e metralhar rebanhos inteiros de vacas sagradas. Se pensarmos bem, é quase impossível pensar em outra pessoa de negócios como ele; talvez haja apenas um Ricardo Semler.

É claro que vale a pena lembrar que muitas das ideias que ele tem defendido encontram um público mais amplo e que milhares de empresas têm adotado uma parte de algumas das coisas que ele fez, mas nenhuma outra acreditou em todo o seu processo – ou pelo menos não com sucesso. A Semco existe principalmente como um exemplo brilhante do que poderia ser e não do que é.

REFERÊNCIAS E LEITURAS ADICIONAIS

CAULKIN, Simon. "The boy from Brazil – Ricardo Semler", *Observer*, 17 out. 1993.
DAWNAY, Ivo. "Management: at odds with a Latin culture – why Ricardo Semler is a novelty in Brazilian industry", *Financial Times*, 11 nov. 1998.
DAWNAY, Ivo. "Survey of the State of Sao Paulo (11): corporate enfant terrible", *Financial Times*, 15 set. 1998.
DOWNIE, Andrew. "Learn what you want", *Daily Telegraph*, 9 fev. 2004.
EWEEK (Ziff Davis Media). "Ricardo Semler: set them free", 30 abr. 2004.
FINANCIAL TIMES. "At odds with a latin culture", 11 nov. 1988.
GARDNER, Darren. "A boss who's crazy about his workers", *Sunday Herald*, 13 abr. 2003.
KEEGAN, Victor. "Has work reached the end of the line? Semco", *Guardian*, 28 set. 1993.
KELLAWAY, Lucy. "How and why of the workers' paradise", *Financial Times*, 14 abr. 2003.
MANAGEMENT. "In touch: Ricardo Semler: still a maverick", 1 abr. 2007.

24
Herb Kelleher

Muitas indústrias foram transformadas nos últimos vinte anos. O setor dos transportes aéreos é uma delas, mas a sua transformação não tem sido típica. Muitos setores que mudaram para além de qualquer reconhecimento – como a música, jornais ou vídeo – o fizeram porque a tecnologia reescreveu completamente as regras para eles. Outros – como a alimentação – foram radicalmente alterados devido à mudança dos gostos do público. Mas a indústria aeronáutica faz exatamente o mesmo que fazia há trinta anos. Continua transportando pessoas do ponto A para o ponto B pelas mesmas razões de sempre – e, embora os aviões sejam mais avançados, continuam a ser aviões, e muitos aviões de vinte anos ainda estão em serviço.

A grande mudança das companhias aéreas tem sido passar de uma indústria comparativamente cara para uma indústria barata, com margens reduzidas e um mercado de massas. Até o final dos anos 1980, voar ainda era muito caro. As pessoas comuns não voavam, de modo geral, para a Espanha durante o fim de semana ou para Nova York para fazer algumas compras. No entanto, tudo isso estava prestes a começar a mudar, e o mundo que temos agora, com voos que podem custar tão pouco quanto uma xícara de café – e onde a elegância da era dourada da aviação é realmente uma memória fraca e distante – deve-se em grande parte a um homem e a uma empresa. Esses são Herb Kelleher e a Southwest Airlines. A empresa serviu de modelo para todos os Ryanairs, easyJets, SpiceJets e Dragonairs. Foi a primeira das companhias aéreas de baixo orçamento – e muitas pessoas afirmam que continua a ser a melhor.

Também pode ser uma surpresa para os não estadunidenses, mas a Southwest Airlines era, até recentemente, a maior companhia aérea do mundo em volume de passageiros – e, apesar de nenhum de seus aviões viajar para além dos Estados Unidos e Canadá, ela faz mais de 3.200 voos por dia. Ela também rotineiramente lidera as pesquisas de satisfação dos clientes. Num mundo em que as companhias aéreas estão se debatendo e falindo, o balanço da Southwest está em boa saúde e sempre esteve assim. Curiosamente, a maior companhia aérea internacional (utilizando a métrica de passageiros) é a Ryanair, cujo modelo de negócio é mais ou menos uma cópia do da Southwest (ver box a seguir). A companhia aérea tem até mesmo um fenômeno chamado "efeito Southwest", em que a entrada da companhia aérea ou de uma semelhante em uma comunidade reduz as tarifas, aumenta o serviço e resulta no aumento das viagens aéreas.

Ryanair

A Southwest gerou numerosos imitadores em todo o mundo. Na verdade, o ritmo da imitação foi em grande parte impulsionado pela desregulamentação – no momento em que um mercado se desregulamenta, uma série de cópias da Southwest surge. Provavelmente a mais notável delas é a Ryanair, sediada na Irlanda, que foi diretamente inspirada na Southwest (Michael O'Leary visitou a Southwest e depois aplicou o modelo à sua companhia aérea). Mas, para além dos preços, as duas organizações são bem diferentes, e muito disso decorre do caráter de seus RESPECTIVOS CEOs. Embora Kelleher seja cheio de charme folclórico, O'Leary é talvez mais conhecido pela sua "atitude", que é algo como: "Você recebe por aquilo que paga e nada mais". O'Leary é um dos CEOs mais amargos do mundo e tem grande prazer em dizer aos seus clientes exatamente o que ele pensa. Algumas das suas citações mais memoráveis incluem "O consumidor europeu rastejaria nu sobre vidro quebrado para obter tarifas baixas" e "Não nos comovemos se disserem que sua avó adoeceu".

Ele sugeriu, como é sabido, que gostaria de cobrar os passageiros pela utilização do banheiro e que os copilotos são uma despesa que ele gostaria de cortar, mas isso não afastou as pessoas: a Ryanair é, atualmente, a maior companhia aérea de baixo custo da Europa. Sua atitude arrogante, diz ele, é o preço que você paga pela democratização dos voos: "Agora todos têm como pagar para voar".

O ex-CEO da Southwest, Herb Kelleher, também não era um chefe executivo normal. Ele era rotineiramente descrito como um personagem carismático, colorido e lendário e era conhecido por seu amor por charutos e uísque. Ele imprimiu a sua personalidade divertida no negócio. Sua falta de convencionalidade como CEO se estendeu a se vestir como Elvis para comerciais (e como um duende no Dia de São Patrício); ele fumava cinco maços de cigarros por dia e amava passar a noite em festas; os funcionários o convidavam para viagens de caça, nunca esperando que ele fosse – e ele ia. Ele cumprimentava os novos empregados fazendo rap (leitores curiosos podem encontrar o rap do CEO no YouTube).

Mas, se ele soa louco, também era um excelente chefe e regularmente ganhou aplausos como o melhor CEO dos EUA. Ele disse coisas como "Uma empresa é mais forte se estiver ligada ao amor e não ao medo", e a sua equipe genuinamente o adorava. Eles mostraram seu amor com extraordinária produtividade, que é uma das razões pelas quais a Southwest tem sido um sucesso. Na verdade, a mistura da grande personalidade de Kelleher e os negócios fez com que muitos sugerissem que, embora o modelo da Southwest tenha sido copiado ao redor do mundo, você pode realmente aprender muito com o homem em si. A razão? Ele é único – mais ninguém no mundo dos negócios é como ele.

Kelleher nasceu em 12 de março de 1931, perto de Camden, Nova Jersey. Era um bom aluno, um atleta impressionante e presidente da associação estudantil. Depois da escola, ele foi para a Universidade Wesleyan, onde estudou Literatura Inglesa. Depois cursou direito na Universidade de Nova York. Enquanto estava na universidade, trabalhou no verão para a Campbell Soup Company, onde seu pai era gerente-geral. Enquanto esteve na Universidade de Nova York, Kelleher viveu em Greenwich Village. Para todos os efeitos, ele era um cara muito divertido e gostava de festas, foi por isso que escolheu esse endereço. Ele disse: "Eu tinha um pequeno apartamento na Washington Square, e você podia simplesmente abrir a sua porta, pessoas divertidas entrariam e surgiria uma festa instantânea".

Depois da faculdade de direito, ele iniciou sua carreira como secretário de um juiz do Supremo Tribunal de Nova Jersey. Depois mudou-se para Newark e casou-se com uma texana. Ao visitar sua família em San Antonio, ele desenvolveu um gosto pelo lugar, tanto em termos de habitabilidade como de oportunidades profissionais. O casal decidiu mudar-se para o Texas, e ele montou um escritório de advocacia na cidade. Em 1966, seu cliente, Rollin King, que tinha visitado recentemente a Califórnia, contou-lhe sobre a PSA, a companhia aérea de baixo custo da Costa Oeste. King acreditava que algo semelhante poderia funcionar no Texas. Em 1967, a dupla fundou a Southwest Airlines. Naquela época, voar ainda era um negócio de alto nível, com margens altas; as pessoas se produziam para voar. A dupla tinha duas estratégias: utilizariam aeroportos secundários mais baratos, em vez de aeroportos centrais, e reduziriam todos os custos. Ambas tornariam voar barato.

A ideia da Southwest foi supostamente desenhada num guardanapo. Desenharam um triângulo descrito por Dallas, Houston e San Antonio; eles serviriam as três cidades a partir de uma base em Dallas. A companhia aérea, que originalmente se chamava Air Southwest, foi constituída em 1967, mas só começou a voar em 1971 devido à regulamentação e ao litígio de rivais que gostariam de estrangular o jovem negócio em seu berço (sem dúvida, nos próximos anos, eles gostariam de ter tentado mais). O início da década de 1970 foi um período muito difícil – Kelleher disse que, durante aquele período, "Estávamos apenas tentando sobreviver dia após dia".

Em 1973, porém, a Southwest teve seu primeiro ano lucrativo e, no ano seguinte, a pequena companhia aérea local transportou seu milionésimo cliente. Em 1977, ela transportou passageiro de número cinco milhões e foi listada na Bolsa de Valores de Nova York sob a sigla LUV. No ano seguinte, o presidente, Lamar Muse, renunciou e Kelleher passou a ser CEO interino; quatro anos depois, tornou-se CEO permanente. A companhia aérea continuou a crescer rapidamente. Em 1979, acrescentou um serviço a Nova Orleans. Em 1981, comemorou "uma década de amor ao estilo sudoeste", e, em 1982, quando Kelleher se tornou CEO permanente, a Southwest acrescentou outros destinos, como São Francisco, Los Angeles, Las Vegas e Phoenix.

A empresa também começou a atrair aplausos extraordinários. Os clientes a adoravam, quer fossem passageiros de lazer ou empresários econômicos. Os empregados também a adoravam e davam o seu melhor. Kelleher era o líder de torcida chefe de um negócio onde todos pareciam estar se divertindo. Em 1989, a companhia aérea ganhou um bilhão de dólares. Em 1990, criou um comitê de cultura, porque se preocupava em manter sua cultura corporativa distinta à medida que crescia. Em 1991, veio o seu 20º aniversário de lançamento, e comemorou "20 anos de amor a você" com festas em suas 32 bases. No final do ano, possuía 124 aviões e empregava quase dez mil pessoas. Entre o final dos anos 1980 e meados dos anos 1990, a empresa mais do que triplicou de tamanho.

Pouco depois, expandiu-se para a Costa Leste. Juntamente com a expansão geográfica, foi pioneira em muitas ideias inovadoras. Seus aviões eram todos Boeing 737, já que ter um único tipo de aeronave facilitava a manutenção e a programação. Foi a primeira a introduzir os voos sem bilhetes e a primeira (grande) companhia aérea a introduzir as reservas online. A excentricidade também estava por todo lado. Os aviões eram pintados como baleias assassinas. Em 1993, quando a companhia aérea adquiriu a Morris Air, uma transportadora do Utah, foi como um casamento. Kelleher desafiou outro CEO para uma luta de braço sobre o uso de um slogan. Os comissários de voo brincavam enquanto transmitiam os anúncios de segurança. Há uma anedota bem conhecida sobre como, depois de uma aterrissagem particularmente difícil em Salt Lake City, o piloto anunciou: "Esse foi um grande impacto, e eu sei o que vocês estão pensando. Estou aqui para lhes dizer que a culpa não foi da companhia aérea, não foi do piloto, não foi da aeromoça... foi do asfalto!".

Para toda a loucura que aparecia nas manchetes, o maior diferencial entre a Southwest e outras operadoras, tanto de alto quanto de baixo custo, é a conexão que ela tem com seus clientes. Para citar apenas um exemplo recente, as transportadoras de baixo custo começaram a cobrar pela bagagem, muitas vezes com um sistema bizantino de regras e tarifas que parecem projetadas para confundir os clientes a fim de invadir suas carteiras. Em contraste, a Southwest faz questão de não cobrar por bagagens – e, em uma indústria em que os modelos de muitos players parecem cada vez mais dependentes de cobranças furtivas, isso é algo importante.

No centro de tudo isso estava Kelleher e a sua crença no seu pessoal. Em 1994, um artigo da revista *Fortune* perguntou: "Herb Kelleher é o melhor CEO da América?" (LABICH, 1994). A resposta aparentemente foi sim, pois, em 1998, a Southwest foi nomeada a melhor empregadora pela mesma revista. Kelleher sempre sustentou que ser um bom patrão é apenas um tipo de interesse próprio. "Os empregados", explicou ele em 2003, "vêm primeiro, e se [eles] são tratados corretamente, tratam bem o mundo exterior. O mundo exterior voltará a utilizar os produtos da empresa, o que deixa os acionistas satisfeitos". De fato, a Southwest é um local de trabalho muito bom e, para além do carisma de Kelleher, ela paga salários generosos, e isso numa indústria que é conhecida exatamente pelo contrário. A empresa chega até mesmo a fazer questão de recrutar pessoas com senso de humor.

Em 1999, Kelleher foi diagnosticado com câncer de próstata. Ele continuou a trabalhar durante todo o seu tratamento, que foi bem-sucedido.

Em 2001, deixou o cargo de CEO da companhia aérea, embora tenha permanecido presidente do conselho de administração. Em 2008, aos 71 anos de idade, ele renunciou a esse papel depois de realizar sua 31ª reunião geral anual. Entretanto, permaneceu funcionário da empresa em 2013, com um salário de quatrocentos mil dólares por ano, e diz que faz tudo o que lhe é pedido.

Claro, louco ou não, o teste final de um negócio é se ele gera dinheiro. Os loucos que ganham dinheiro são gênios rebeldes; os loucos que não ganham são apenas loucos. Por essa medida, Kelleher e a Southwest tinham uma excelente performance. Em 2010, a Southwest foi rentável pelo 37º ano consecutivo. Em qualquer indústria, isso seria impressionante – mas, no setor dos transportes aéreos, é duplamente impressionante, especialmente porque a companhia aérea conseguiu ganhar dinheiro tanto na recente crise financeira como no ano seguinte ao 11 de setembro. A cotação das ações da companhia aérea disparou entre o final dos anos 1980 e o início dos anos 2000 e, mesmo agora, não sofreu tanto quanto seria de esperar.

Mas a Southwest tem alguns críticos. Em 2008, a companhia aérea foi multada pesadamente por falta de segurança e manutenção, e, em 2009, um avião teve de fazer uma aterrissagem de emergência em West Virginia, quando uma abertura do tamanho de uma bola de futebol na fuselagem levou à despressurização da cabine de passageiros da aeronave. Menos sério, em 2010, o diretor de cinema Kevin Smith criticou memoravelmente a companhia aérea quando ela o expulsou por ser gordo demais para caber em seu assento. No entanto, o consenso é muito parecido com os comentários de um funcionário no site da Amazon a respeito do livro *Nuts!: Southwest Airlines' crazy recipe for business and personal success*. O funcionário escreveu:

> Li as críticas sobre como este livro é "meloso". Acho que isso acontece talvez porque eles não podem acreditar que uma empresa tão boa realmente existe... Posso dizer com segurança que o livro NÃO exagera! O estilo de bem-estar enfatizado repetidamente no livro é uma realidade. As pessoas se preocupam umas com as outras. Todos os dias (como mos-

trado no livro), todos se sentem valiosos – e isso faz com que você queira trabalhar mais, trabalhar de forma mais inteligente e espalhar o LUV.

REFERÊNCIAS E LEITURAS ADICIONAIS

BIRD, J. B. "An entrepreneur for all seasons", *McCombs School of Business Magazine*, primavera/verão 2003.
FREIBERG, Kevin; FREIBERG, Jackie. *Nuts! Southwest Airlines' crazy recipe for business and personal success*, Crown Business, 1998.
KELLY, Brad. "He gave Southwest his wings", *Investor's Business Daily*, 8 fev. 2008.
KOENIG, David. "Kelleher steps down as Southwest Airlines chairman; he and client started business; employees give emotional send off", *Associated Press*, 22 maio 2008.
LABICH, Kenneth. "Is Herb Kelleher America's best CEO?", *Fortune*, 2 maio 1994.
SOUTHWEST. Disponível em: www.southwest.com.
WATS (IATA).

25
ANDY GROVE

O homem que tem sido chamado de Henry Ford dos microprocessadores é também o que poderia ser chamado de primeira geração do Vale do Silício (com pessoas como Steve Jobs e Bill Gates sendo de segunda geração e aqueles do *boom* das pontocom em diante, sendo de terceira geração). Como tal, Grove focava em hardware, não em software. Isso parece quase antiquado hoje em dia. Mas não é, e os chips da Intel tiveram e continuam a ter um efeito tão profundo no mundo da tecnologia quanto o sistema operacional Windows ou os belos gadgets da Apple. Na verdade, você poderia facilmente argumentar que eles são mais fundamentais. O ciclo de atualização da tecnologia cada vez mais curto é impulsionado em grande parte pela Intel. Os novos chips Intel aparecem com muito mais frequência do que as novas versões do Windows.

Grove em si – o terceiro funcionário da Intel e, eventualmente, seu CEO – tem uma história de vida extraordinária. Húngaro de nascença, ele sobreviveu aos nazistas e fugiu do seu país para os Estados Unidos, chegando como um imigrante sem nenhum dinheiro. Inteiramente autossuficiente, ele se tornou um dos homens mais atuantes na tecnologia – e mais tarde um pensador de gestão extremamente influente. É autor de vários livros, desde o best-seller *Só os paranoicos sobrevivem* (1996) até *Swimming across* (2001), sua autobiografia bastante comovente. Finalmente, ele se tornou uma figura muito importante na luta contra o câncer de próstata. Todavia, no mundo de grandes egos da administração dos EUA, continuou a ser um homem muito modesto.

Grove nasceu em Budapeste em 1936 como András Gróf. Contraiu febre escarlate quando criança, quase morreu e teve perda auditiva significativa. Durante a Segunda Guerra Mundial, seu pai desapareceu, mas ele e a mãe conseguiram escapar dos nazistas. No final da guerra, a opressão e a brutalidade dos nazistas foram substituídas pela opressão e brutalidade dos russos; como ele revelaria em *Swimming across*, um soldado russo estuprou sua mãe. O pai de Grove reapareceu horrivelmente emaciado depois de seu tempo nos campos de concentração. Grove disse que ele levou anos para poder falar sobre esses eventos.

Quando os russos esmagaram a revolta húngara em 1956, Grove e um amigo fizeram uma fuga pela fronteira austríaca. Com a ajuda de várias pessoas, ele atravessou a Europa e embarcou num navio para os Estados Unidos. Quando chegou a Nova York, em 1957, estava sem um tostão e não falava inglês.

Como refugiado húngaro, Grove recebeu uma bolsa de estudos de um ano na City College de Nova York, lavando pratos para se sustentar. Formou-se em 1960, com uma licenciatura em engenharia química. Depois fez doutorado na Universidade da Califórnia, em Berkeley. Por volta dessa época, Grove percebeu que o futuro – e o dinheiro – não estava nos produtos químicos, mas na eletrônica, então, depois de se formar em 1963, juntou-se à Fairchild Semiconductor, uma fabricante pioneira de circuitos integrados, como pesquisador. Lá, Grove subiu na empresa e se tornou diretor assistente de pesquisa e desenvolvimento em 1967.

No entanto, a Fairchild estava em dificuldades e prestes a sofrer uma perda maciça de funcionários. Dois deles eram Gordon E. Moore (que deu nome à lei de Moore) e Robert Noyce. Essa dupla partiu para fundar a Intel em 1968. Andy Grove foi o terceiro empregado da empresa. Na época, havia muito pouco na companhia: ela não era muito mais do que um plano de negócios e uma promessa de financiamento. A ideia era fazer circuitos integrados e chips de memória – era um campo promissor, mas não havia nada de especialmente inovador sobre ele.

Moore e Noyce tinham inicialmente pensado que Grove cuidaria da pesquisa, mas Grove logo decidiu que, apesar de sua formação, ele estava muito mais interessado na manufatura e que seu verdadeiro talento estava na organização industrial. O que ele queria era tornar a produção da empresa o mais eficiente possível, e logo ganhou a reputação de enfrentar os problemas de frente e fazer perguntas difíceis – e de uma forma que poderia parecer bastante brutal para os envolvidos. Grove tinha duas qualidades que o distinguiam dos pensadores normais: primeiro, era muito bom em articular o que fazia – na verdade, tinha jeito para frases cativantes, suas ideias como "confronto construtivo" soavam muito boas; em segundo lugar, era brilhante na organização industrial, e sua racionalização dos processos de produção, que eram muito grosseiros para os padrões atuais, resultou em um enorme aumento na lucratividade. O *Washington Post* o descreveu como "o sargento da Intel".

A década de 1970 viu os primeiros sinais do tsunami tecnológico que resultou na revolução da informação, na informatização e na internet. A Intel trouxe o primeiro microprocessador comercial para o mercado em 1971, e as vendas da empresa cresceram. Seus chips foram a base dos primeiros computadores pessoais dos anos 1970. Embora ainda fosse um mercado de nicho, a empresa estava começando a acreditar que esse não seria o caso por muito tempo e que esses chips poderiam ter uma aplicabilidade muito maior. Ela dedicou muito em P&D. Em 1979, a companhia era um grande player e Grove era presidente, mas o produto primário permaneceu sendo chips de memória.

Nesse ano, a empresa tentou se estabelecer como a principal fabricante de microprocessadores numa campanha denominada Operation Crush, uma vez que tinham entrado no mercado vários novos concorrentes. Especificamente, seu objetivo era conquistar a IBM, o que conseguiu fazer, e com a IBM usando seus 8.086 chips, a Intel tinha o mercado de microprocessadores onde queria. Contudo, mesmo com esse sucesso, a empresa ainda tinha que correr para se manter de pé. O seu mercado permanecia sendo um no qual os preços estavam sempre caindo. Os concorrentes ricos (pois a barreira aos novos participantes era agora financeira) estavam perdendo terreno, e o seu mercado de chips de memória estava sendo inundado por modelos japoneses mais baratos. No início dos anos 1980, Grove decidiu se retirar completamente dessa área e se concentrar nos microprocessadores. Nesse ponto, o mercado tinha crescido graças à IBM e seus clones, e, na maior parte das vezes, podia ditar o ritmo. No entanto, foi um passo ousado em direção ao desconhecido.

Foi nessa época que Grove efetivamente se tornou o principal motor por trás da empresa. Ele acreditava firmemente no trabalho árduo e nas longas horas, e mantinha uma lista dos funcionários que chegavam depois das oito da manhã. Foi logo apelidado de "General Prussiano", mas também era um bom professor. Junto ao trabalho árduo, havia a capacidade de organizar e motivar. Havia muito empoderamento também – como muitos outros grandes chefes, ele deixou as pessoas seguirem por si mesmas. À medida que os anos 1980 progrediram, a empresa percebeu que seus chips estavam saindo do escritório e entrando nas casas.

Grove tornou-se CEO em 1987. O mercado de chips continuou a se desenvolver – e o ritmo de mudança acelerou exponencialmente. Toda vez que a Intel lançava um novo produto, ela já estava olhando para além dele, porque logo o novo produto seria padrão e o preço que poderia ser cobrado por ele cairia. Além disso, embora a Intel fosse líder de mercado, tinha muitos concorrentes para mantê-la esperta. Um dos aforismos mais conhecidos de Grove (e o título de um de seus livros mais vendidos) é "Só os paranoicos sobrevivem", e é fácil ver como ele o inventou em um mercado onde olhar por cima do ombro tem de se tornar um comportamento automático.

Em 1989, a Intel começou a desenvolver o chip Pentium, o sucessor dos chips 386 e 486 que alimentavam a maioria dos computadores do mundo; curiosamente, esse nome, ao invés de 586 (seguindo a ordem), foi escolhido porque os tribunais tinham decidido que o número não poderia ser registrado. A empresa teve dificuldades durante o início da recessão de 1990, e Grove, sempre o mestre de obras, estipulou que todos os funcionários profissionais deviam trabalhar uma semana de cinquenta horas com o mesmo salário. Em 1993, as coisas estavam melhorando. O Pentium foi lançado com o tipo de burburinho mais associado a carros novos ou álbuns de música, uma indicação, talvez, de como os computadores se tornaram esperados. A empresa gastou uma quantia colossal em marketing (inédita para o que era essencialmente uma fabricante de componentes) e introduziu o famoso jingle "Intel Inside".

Tudo parecia ótimo, mas, no ano seguinte, Grove cometeu o seu maior erro, e o seu principal chip causou as maiores dores de cabeça da sua carreira. Em 1994, uma falha foi descoberta na unidade Pentium P5 Floating Point por Thomas Nicely, professor de matemática na Lynchburg College. Grove respondeu primeiro como um engenheiro, apontando que a falha dificilmente afetaria alguém. Então, ele disse: "Se você sabe onde vai cair um meteoro, pode ir até lá e ser atingido". Isso não foi bem recebido para legiões de utilizadores domésticos, e mais tarde ele admitiu que não compreendia que lidar com consumidores era muito diferente de lidar com pessoas que entendiam como a eletrônica funcionava. No final, a empresa se ofereceu para substituir os processadores gratuitamente. A crise acabou por custar meio bilhão de dólares – embora houvesse um consenso de que, a longo prazo, ter admitido a falha fez muito bem à sua imagem.

Além disso, a década de 1990 foi muito boa para a empresa – ela cimentou sua liderança de mercado, e o preço de suas ações disparou. Grove publicou o best-seller *Só os paranoicos sobrevivem* em 1996, e a combinação de uma indústria atraente, de alta tecnologia, gênio gerencial e uma certa qualidade prática, fez de Grove uma das superestrelas da administração entre meados e finais dos anos 1990. No entanto, seu sucesso surpreendente como um alto tecnocrata estava prestes a ser eclipsado por sua saúde. Em 1995, ele foi diagnosticado com câncer de próstata. Grove foi completamente transparente em relação a isso; na verdade, em maio de 1996, ele estava na primeira página da revista *Fortune* sob o título "Enfrentando o câncer de próstata". No artigo, ele escreveu:

> O rosto da minha secretária apareceu na janela da sala de conferências. Pude ver pelo olhar dela que era a ligação que eu esperava. Pedi licença e saí da sala. Quando saí, ela confirmou que o meu urologista estava no telefone. Voltei para o meu escritório.
>
> Ele chegou ao ponto imediatamente: "Andy, você tem um tumor. Está principalmente no lado direito, um pouco à esquerda. É moderadamente agressivo". Depois, uma boa notícia: "Há pouca probabilidade de ter se espalhado". Toda a conversa foi objetiva, não muito diferente do que se estivéssemos discutindo resultados laboratoriais que determinassem se eu tinha estreptococos na garganta.
>
> Mas não estávamos falando de estreptococos. Estávamos falando de câncer de próstata.

Sua franqueza sobre a doença só serviu para aumentar seu perfil público e sua estima (sua *ghost-writer*, Catherine Fredman, recorda: "Perguntei: 'Incontinência ou impotência? Isso é o que todo mundo quer saber'. Houve outra pausa, e ele me deu o que eu precisava"). Em 1997, foi nomeado Homem do Ano pela revista *Time*. Foi em resposta ao interesse que ganhou depois disso, que começou a trabalhar em *Swimming across* (publicado em 2001), revelando uma grande quantidade de material até então desconhecido sobre sua infância.

Grove aplicou o mesmo esforço de gerir a Intel ao combate de sua doença. Depois de ter feito uma enorme quantidade de pesquisa, de ter falado com numerosos peritos e de ter ponderado cuidadosamente as probabilidades, foi submetido a um tipo relativamente novo de tratamento por radiação – e que tem funcionado até agora. Em 1998, deixou o cargo de CEO e presidente e se tornou presidente do conselho de administração. Esse foi um papel ao qual ele renunciou em 2005, e atualmente detém o título de assessor sênior.

Para um homem que superou tantos obstáculos, a história de Grove tem um triste fim. Em 1999, ele notou um tremor na mão. Tendo sobrevivido a tudo, desde a febre escarlate, os nazistas e até o câncer de próstata, agora tinha a doença de Parkinson. Dessa vez, ele a manteve em segredo, revelando-a publicamente em 2006 em uma biografia. "Eu não queria ser garoto propaganda para mais uma doença. Estava tão farto de ser o primeiro e último contato para o câncer de próstata", diz ele. "Câncer não se vê. Esta coisa me faz parecer um velhote. E eu sou vaidoso." Dito isso, ele está lutando contra a doença com o mesmo vigor com que combateu o câncer de próstata – e ainda lhe resta muito tempo até as coisas ficarem ruins, por isso, se alguém tiver a possibilidade de se recuperar da doença de Parkinson, é Andy Grove.[1]

Quanto à Intel, como acontece com muitas empresas de tecnologia, o preço de suas ações nunca recuperou completamente os picos que escalou nos anos de glória do *boom* das pontocom, mas manteve sua participação de mercado, que não é tão diferente do que era no início dos anos 1980. Mesmo agora, apesar da forte e sustentada concorrência, a empresa é a número um em todos os seus principais mercados, e os seus chips continuam impulsionando o ritmo da mudança tecnológica.

Como nota de rodapé interessante, talvez valha a pena notar que, pelos padrões do Vale do Silício – e pelos padrões do que ele alcançou –, a fortuna de Grove é relativamente modesta e mede centenas de milhões, em vez de bilhões. Na verdade, ao longo de sua vida, ele tem sido conhecido como um homem que se esquiva das armadilhas normais da megarriqueza dos CEOs – os jatos, as mansões projetadas por arquitetos famosos, as ilhas, e assim por diante. Como ele disse uma vez ao *Wall Street Journal*: "Uma visão diz que devemos nos esforçar para garantir que as pessoas saibam o que fazemos. Por outro lado, bem, você nunca vai conseguir cem por cento de crédito por tudo, por isso faça as suas coisas. Anunciar as suas conquistas provavelmente vai fazê-lo parecer um idiota de qualquer maneira. Inclino-me para a segunda perspectiva."

---

[1] Andy morreu em março de 2016 e a causa de sua morte não foi divulgada ao público.

REFERÊNCIAS E LEITURAS ADICIONAIS

ANDY GROVE. Intel. Disponível em: www.intel.com.
CORCORAN, Elizabeth. "Intel's blunt edge", *Washington Post*, 8 set. 1996.
THE WASHINGTON POST. "Intel CEO Andy Grove steps aside", 27 mar. 1998.
DOLAN, Kerry A. "Andy Grove's last stand", 28 jan. 2008.
GROSS, Daniel. *Forbes Greatest Business Stories of All Time*, Wiley, Oxford, p. 246-65, 1996.
GROVE, Andrew Stephen. *Only the Paranoid Survive*. Londres: Profile Books, 1996.
_____. *Swimming across,* Nova York, Warner Books, 2001.
PARKER, Ciaran. *The Thinkers 50: The World's Most Important and Influential Business Thinkers*. Londres: London Business Press, 2006.
RIGBY, Rhymer. "Ghosts and the corporate gurus", *Financial Times*, 22 fev. 2010.
WALLACE, David G. "The struggle to become Andy Grove", *Businessweek*, 3 dez. 2001.

26
ROMAN ABRAMOVICH

De uma infância trágica e empobrecida, vivida no interior congelante da Rússia, aos seus atuais bilhões lubrificados com petróleo, Roman Abramovich é provavelmente o homem que melhor representa a nova Rússia. Seja no palco londrino, cercado por uma guarda de empregados, relaxando no seu megaiate ou adquirindo grandes obras de arte como as outras pessoas compram jornais, ele é a encarnação viva do que aconteceu desde a queda do comunismo e a ascensão do Estado capitalista da Rússia. Como a maior parte da nova Rússia, ele poderia facilmente ser retratado totalmente poderoso, como vindo das páginas de um romance de John le Carré.

Estranhamente, porém, no Reino Unido, ele é provavelmente mais conhecido como um personagem fixo de tabloides, não porque os oligarcas russos sejam fascinantes para os leitores de fofoca, mas porque ele é o dono do Chelsea Football Club – ou "Chelski", como foi inevitavelmente apelidado depois de ter sido comprado. Mas, mesmo com esse cartão de visita, Abramovich tem um passado que é um lugar sombrio e mal documentado: é fácil encontrar dez relatos notavelmente diferentes. Ele é bem conhecido por ser misterioso e poderoso, e poder e mistério parecem se alimentar um do outro. É notoriamente tímido e raramente dá entrevistas.

Qualquer um que conhecesse Abramovich nos seus primeiros anos nunca o teria imaginado como um playboy bilionário em Londres. Nasceu em 1966 em Saratov, uma grande cidade no Rio Volga, no sul da Rússia. Sua mãe morreu quando ele tinha dezoito meses de idade, e seu pai morreu em um acidente de construção quando tinha quatro anos. De fato, as mortes dos seus pais foram apenas os últimos episódios de uma trágica história familiar, uma vez que os seus avós paternos tinham chamado a atenção do KGB sob o comando de Stalin. A família foi dividida e enviada para os gulags; apenas a sua avó materna sobreviveu. Aqueles que procuram pistas da extraordinária determinação de Abramovich apontam, muitas vezes, para esse cenário sombrio.

O jovem Roman foi adotado por um tio paterno, que era um oficial da indústria petrolífera, e sua esposa, em Ukhta, uma cidade de petróleo e gás pouco ao sul do Círculo Ártico. Eles o criaram como se fosse filho deles, e Roman só descobriu que não era quando tinha dezesseis anos. Supostamente, ao descobrir esse fato, ele nunca mais o mencionou. A outra figura próxima dele em seus primeiros anos foi sua avó que sobreviveu ao gulag. Abramovich estudou no Instituto Industrial em Ukhta e depois trabalhou para o Gubkin Oil and Gas Institute antes de entrar para o exército, cumprindo o seu serviço nacional.

Depois de deixar o exército, casou com sua primeira esposa. O casal recebeu, como presente de casamento, dois mil rublos dos pais dela. Abramovich os usou, comercializando em um mercado local, subindo na cadeia de valor e eventualmente comercializando fazendas de suínos. O comunismo estava nas suas últimas pernas, e Abramovich estava claramente inclinado para o capitalismo, embora não fosse realmente diferente de milhares de outros comerciantes que eram jovens demais para terem tido o seu espírito empresarial derrubado pelo comunismo. Mas, por meio de sua educação, Abramovich tinha conexões na indústria de petróleo e gás, e estava aprendendo a usá-las.

Em breve, ele seria comparativamente rico. Abriu um negócio de pneus em Moscou e entrou no comércio de petróleo e gás, comprando petróleo russo muito barato e vendendo-o nos mercados abertos a preços ocidentais. Em 1992, foi investigado sobre o roubo de 55 vagões ferroviários de gasolina, que se destinavam a um negócio em Moscou e que acabaram na Letônia; a investigação deslocou-se para a sua cidade natal e depois foi abandonada. Nos anos seguintes, Abramovich fundou mais negócios e levou suas atividades para o cenário internacional. Ele era agora rico até mesmo pelos padrões ocidentais – mas não seriamente rico.

Foi por essa altura que começou a privatização das empresas russas. Os trabalhadores das empresas estatais receberam vouchers que podiam ser trocados por ações; muitos deles não tinham ideia do que isso significava, mas Abramovich era um capitalista praticante desde meados da década de 1980. Ele compreendeu o valor dos vouchers e entrou em esquemas para comprá-los em massa. A sua grande oportunidade veio em 1995, quando conheceu Boris Berezovsky. Ele introduziu Abramovich ao círculo interno do poder russo – e ao presidente Yeltsin.

Depois veio a jogada crucial. Em meados da década de 1990, a Rússia estava quase falida e a administração de Yeltsin estava em crise. A solução era vender os ativos estatais aos "oligarcas", às pessoas como Berezovsky, a preços muito baixos; seriam empréstimos para manter o governo. Yeltsin, e os oligarcas, também queriam evitar um retorno ao domínio comunista, primeiro porque ele estaria fora do poder e segundo porque seus ganhos de ativos seriam renacionalizados acentuadamente. Reunindo uma série de empresas de vida curta, por pouco mais de cem milhões de dólares, Berezovsky e Abramovich compraram a empresa petrolífera Sibneft, que valia mais de 2,5 bilhões de dólares. Como muitos outros participantes, Abramovich admite que os bens foram vendidos muito baratos, mas afirma que a razão para isso foi que os riscos (incluindo o de um retorno ao comunismo) eram muito grandes. Essa pode não ser uma explicação inteiramente convincente.

A seguir, Abramovich pôs os olhos na indústria do alumínio. Esse período específico foi denominado "Guerras do Alumínio". Abramovich emergiu triunfante e ileso. Em 1996, ele era tão rico que se tornou muito próximo de Yeltsin e foi convidado a se mudar para um apartamento no Kremlin.

Abramovich tinha um talento que Berezovsky não tinha: ele era encantador e diplomático. Fez amigos enquanto o seu antigo mentor fez inimigos. Em 1999, Putin subiu ao poder, e pouco depois Berezovsky deixou o país, tendo caído no esquecimento do novo presidente autoritário, apesar de tê-lo ajudado a chegar ao poder. No entanto, enquanto Berezovsky antagonizava o novo regime, Abramovich era mais agradável. Ele e Putin encontraram um terreno comum, e ele se tornou a pessoa que os outros estavam começando a chamar de "oligarca furtivo" e "oligarca de lugar nenhum".

Em 1999, Abramovich entrou para a política – tornou-se governador de uma região congelada e desolada do extremo oriente russo, chamada Chukotka, com o tamanho aproximado da Alemanha e uma população de pouco mais de cinquenta mil habitantes. Na verdade, a única coisa que a área tinha em vista eram grandes (e, em parte, inexploradas) reservas de petróleo, gás e minerais. Em 2005, ele foi nomeado para um segundo mandato, que durou até 2008. Embora a província tenha funcionado como um paraíso fiscal para a Sibneft, os dois mandatos de Abramovich registraram uma melhoria significativa na vida das pessoas comuns, e a maior parte disso foi graças ao investimento de Abramovich de bilhões de rublos do seu próprio dinheiro.

Para alguém que sempre reservou sua privacidade, em 2003 Abramovich fez um movimento curioso: ele comprou o clube de futebol londrino Chelsea por 140 milhões de libras – uma jogada que lhe tornou o centro das atenções. Ele afirmou na época: "Adoro este jogo. Adoro este esporte. Adoro esta liga. Por que não arranjo a minha própria equipe?" Ele estava preparado para gastar dinheiro e transformá-los em vencedores (o que ainda não aconteceu) e tinha o suficiente para fazer isso. A resposta a uma pergunta feita pelos torcedores do Chelsea sobre a fonte de riqueza de Abramovich é que ela veio principalmente do povo da Rússia. Num artigo do *Guardian* de 2004, um trabalhador petrolífero de Noyabrsk chamado Mikhail Karpenko foi citado como tendo dito: "Ele recolheu as ações daqueles que eram muito pobres e pouco instruídos para entender o seu valor potencial. Reservou milhares de ações em petróleo russo, enquanto a economia se desmoronava em volta dele. Ele ganhou. A Rússia perdeu" (LEVY; SCOTT-CLARK, 2004). Isso talvez seja um pouco preto no branco, já que a grande fortuna de Abramovich é, em alguns aspectos, um enorme acaso. A década de 1990 na Rússia foi uma época louca e caótica, e ele era a pessoa certa no lugar certo. Sua riqueza extraordinária é, em alguns aspectos, um acidente da história, e, se ele não tivesse aproveitado a oportunidade, alguém o teria feito. Dito isso, ele tem sido consideravelmente mais cuidadoso sobre como tem gerenciado seus negócios do que muitos outros oligarcas, e entende que, na Rússia de Putin, uma enorme riqueza lhe compra uma enorme influência, mas que há linhas que não se cruzam.

Entretanto, há muitas distrações. Ele tem suas mansões e sua família, e, em 2009, inaugurou seu novo iate, o maior do mundo, que tem até seu próprio submarino. No entanto, apesar de seu alto perfil, ele permanece enigmático, e muito sobre ele é desconhecido. Na verdade, se não fosse pelo Chelsea, é provável que se soubesse muito menos sobre Abramovich. Um dos seus ditados favoritos é supostamente "O dinheiro adora o silêncio". Isolado por suas fileiras de guarda-costas, equipe de relações públicas e advogados, parece que Roman Abramovich também o adora.

REFERÊNCIAS E LEITURAS ADICIONAIS

BUCKLEY, Neil; BELTON, Catherine. "Man in the news: Roman Abramovich", *Financial Times*, 7 dez. 2007.
CONRADI, Peter; LEWIS, William. "The tsar of SW6", *Sunday Times*, 6 jul. 2003.
DAILY MAIL. "Tortured past of Britain's richest man", 22 out. 2005.
KENNEDY, Dominic. "Roman Abramovich admits paying out billions in political favours", *Times*, 5 jul. 2008.
KIRBY, Terry. "From Chukotka to Chelsea", 3 jul. 2003.
LEVY, Adrian; SCOTT-CLARK, Cathy. "He won, Russia lost", *Guardian*, 8 maio 2004.
LEVY, Geoffrey. "Shadowy tsar of Stamford Bridge", *Daily Mail*, 3 jul. 2003.

LLOYD, John. "The autumn of the oligarchs", *New York Times*, 8 out. 2000.

MEEK, James. "From Russia with £3.4bn", *Guardian*, 3 jul. 2003.

O'CONNOR, Brian. "Russian revolution – the billionaire oil baron who has shaken up Britain's social elite", *Sunday Telegraph*, 23 out. 2005.

STEWART, Will. "Roman and the KGB file that unearths tragic family secret", *News of the World*, 20 dez. 2009.

SUNDAY BUSINESS POST. "Roman's empire", 2 maio 2010.

VANDER WEYER, Martin. "The winner of Russia's free-for-all", *Sunday Telegraph*, 31 out. 2004.

27
GEORGE SOROS

Santo ou pecador? Especulador ou filantropo sem escrúpulos? Face inaceitável do capitalismo ou ativista esquerdista com uma inclinação filosófica peculiar? Forasteiro – como ele gosta de se retratar – ou o derradeiro *insider*? George Soros, o homem que quebrou o Banco de Inglaterra na década de 1990, é tudo isso e muito mais.

Ao longo de sua longa carreira, ele conquistou o ódio de vários políticos (especialmente Norman Lamont e John Major, cujas reputações ele prejudicou irreparavelmente) ao atacar suas contas bancárias. Sua Open Society Institute, ou Instituto da Sociedade Aberta, que financia generosamente e que funciona ao redor do mundo, levou-o a ser acusado de um complexo de Deus. Ele prometeu recentemente dar à Human Rights Watch cem milhões de dólares. A direita dos EUA o despreza – de fato, ele financia frequentemente organizações que parecem diametralmente opostas ao que esses políticos querem –, mas muitos no antigo Bloco do Leste têm uma grande afeição por ele. Acadêmicos e políticos zombam regularmente das suas incursões em suas áreas de atuação, mas, às vezes, ele tem razão. Como um investidor, teve seguidores cuja devoção, às vezes, parece mais adequada aos fãs do universo pop. Pessoalmente, dizem que ele é bastante charmoso.

Soros nasceu em Budapeste em 1930, numa família de classe média alta. O seu pai era um advogado com um forte interesse na língua artificial esperanto, e a família tinha uma casa numa ilha no rio Danúbio. Eles desfrutavam de um estilo de vida invejável em uma cidade próspera com uma rica vida cultural e intelectual. Apesar disso, Soros afirmou que seu pai não acreditava que tudo era como parecia ser; o pai de Soros tinha sido prisioneiro de guerra na Rússia durante a Primeira Guerra Mundial, e a experiência deu-lhe um grande – e, como seria de esperar, bastante premonitório – sentido de intuição.

Em 1944, os nazistas chegaram à Budapeste. Soros disse: "O meu pai estava mais do que preparado. Ele sabia o que fazer". A família se separou e o pai de Soros pagou a um funcionário do Ministério da Agricultura para acolher o filho. Soros mais tarde descreveu isso como "uma grande aventura, como viver dentro de *Os Caçadores da Arca Perdida*". Ele também disse que isso construiu as bases para alguns dos seus posteriores meandros filosóficos.

O estratagema do pai de Soros funcionou e a família sobreviveu. Diz-se que George teve uma recaída precoce nas finanças durante o caos após a guerra, comercializando ouro e joias à medida que a hiperinflação se instalou.

Em 1946, a União Soviética começou a tomar o controle da Hungria. E, enquanto assistia a uma conferência de esperanto no Ocidente, Soros desertou. Em 1947, emigrou para a Inglaterra, onde trabalhou como porteiro e garçom, enquanto estudava na London School of Economics (LSE). Enquanto estava na LSE, tornou-se muito interessado no trabalho do filósofo Karl Popper, que lhe causou uma forte impressão. Ele se familiarizou com Popper, escreveu uma série de ensaios para ele, se divertiu com a ideia de se tornar um acadêmico e até escreveu uma tese chamada "O fardo da consciência". Soros se formou em 1952, mas suas tentativas de se tornar um filósofo não deram em nada, e ele se viu atraído para as finanças. Ingressou no banco de investimentos Singer & Friedlander, onde trabalhou com arbitragem, principalmente em ouro.

Em 1956, Soros emigrou para os Estados Unidos, onde conseguiu um emprego na FM Mayer como comerciante e analista de arbitragem. Ele cobria títulos europeus, que estavam longe do radar da maioria dos americanos. O segundo em comando de Soros, Stanley Druckenmiller, disse em 1988: "As coisas que George estava fazendo há 35 anos só entraram na moda na última década aqui." O próprio Soros afirmou: "Ninguém sabia nada [sobre os títulos europeus no início dos anos 1960], então eu podia imputar quaisquer lucros que quisesse às empresas europeias que seguia." A carreira de Soros decolou. Em 1959, mudou-se para a Wertheim & Co, e, em 1961, tornou-se cidadão americano. Em 1963, mudou-se para a Arnhold and S. Bleichroeder, que era líder na área de títulos estrangeiros. Soros era um encaixe óbvio e se saiu bem, tornando-se vice-presidente. Curiosamente, durante esse tempo, ele continuou a trabalhar com filosofia, enviando artigos para Popper na LSE.

Em 1967, criou um fundo de investimento *offshore* chamado First Eagle e, em 1969, o Double Eagle Hedge Fund. Sua carreira decolou realmente no ano seguinte, quando fundou seu próprio fundo de investimento chamado Quantum Fund, com Jim Rogers, outro investidor famoso. Nesse ponto, ele ainda queria ser um filósofo, e a ideia era que o comércio poderia possibilitar isso. O que aconteceu foi que o fundo seria um sucesso extraordinário que colocaria Soros na vanguarda dos investidores globais. Em 1981, a revista *International Investor* disse de Soros: "Como [Bjorn] Borg está para o tênis, Jack Nicklaus está para o golfe e Fred Astaire está para o sapateado, assim está George Soros para a gestão financeira".

Apesar disso, Soros permaneceu relativamente desconhecido fora da comunidade financeira e da imprensa empresarial. Tudo isso mudaria uma década depois. Em setembro de 1992, ele fez a maior e mais bem-sucedida aposta de sua vida. Basicamente, apostou dez bilhões de libras que a moeda ia cair em relação ao marco alemão. Ele entendia que a moeda do Reino Unido tinha entrado no Mecanismo Europeu de Taxas de Câmbio (MTC) – um sistema concebido para reduzir a volatilidade da taxa de câmbio na Europa – a um nível elevado demais e que a sua valorização contínua a essa taxa era insustentável. Então, usando o Quantum e vários outros fundos, ele apostou contra ela, convertendo seus dez bilhões em marcos alemães.

Norman Lamont e John Major, então chanceler e primeiro-ministro do Reino Unido, disseram que defenderiam a libra a qualquer custo e que ela não sairia do MTC (Soros afirmaria mais tarde que essas palavras não tinham convicção). Eles não conseguiram cumprir exatamente a parte do "a qualquer custo", mas gastaram seis bilhões de libras defendendo a libra esterlina. Não funcionou. Em 16 de setembro, a libra esterlina foi suspensa do MTC e efetivamente desvalorizada. Major e Lamont foram humilhados. Soros converteu seus marcos alemães em libras esterlinas novamente e ganhou um bilhão de dólares. Muitos têm dito que, até certo ponto, quando Soros começou a dizer que a libra estava supervalorizada, isso se tornou uma profecia autorrealizada. Quando se soube que Soros e os outros especuladores estavam vendendo a descoberto em libras esterlinas, era apenas uma questão de tempo até que ela despencasse. Os ganhos de Soros foram pagos pelos cidadãos do Reino Unido – cerca de doze libras por cabeça.

Depois disso, Soros foi seguido ainda mais avidamente por viciados em investimentos e, em geral, continuou seu notável recorde. No final, ele também teve alguns pontos baixos notáveis. Em 1998, perdeu dois bilhões de dólares na crise financeira russa. Curiosamente, essa era uma área em que se pensava que ele tinha conhecimento interno – ele acreditava que os russos tinham feito com sucesso a transição de um capitalismo gangster para o tipo mais normal. Eles não tinham, e Soros perdeu. Mais tarde, ele afirmaria que foi enganado pela sua própria crença na Rússia. Agora apenas diz: "Não discuto Rússia porque não quero investir lá".

Ele também conseguiu um *timing* muito ruim na crise das pontocom. Apostou que as ações de tecnologia iriam cair, mas fez a sua jogada um ano mais cedo, perdendo setecentos milhões de dólares. Então, voltou para as ações que, em seguida, quebraram em março do ano 2000, e suas perdas totais foram em torno da marca de três bilhões de dólares. Nessa altura, ele anunciou a reforma efetiva do Quantum. Apesar desses problemas, o seu histórico era espantoso. Se você tivesse investido mil dólares no

Fundo Quantum quando ele começou em 1970, no ano 2000 ele estaria valendo quatro milhões de dólares – o equivalente a um aumento anual de 32 por cento, que durou três décadas, um histórico impressionante.

É claro que um homem como Soros nunca iria se aposentar tranquilamente para cuidar de seu jardim de rosas, e ele tinha uma segunda carreira a que recorrer, que não era a filosofia. Tinha sido um filantropo ativo desde o início da década de 1970 em diante, mas estava particularmente interessado no Leste Europeu e tinha se empenhado fortemente na promoção da democracia nos antigos países comunistas. Em suma, Soros doou cerca de seis bilhões de dólares para suas várias causas, e agora, depois que Gates e Buffett deram seus enormes presentes, ele é o quarto maior filantropo de todos os tempos (o número três é Li Ka-Shing). Ele afirmou: "Não gosto de encontrar formas de gastar grandes quantias de dinheiro. Considero isso uma tarefa chata. Exige muito esforço que não me dá qualquer prazer, por isso, doar o dinheiro (em vez de gastá-lo) me dá muita satisfação." Ele tornou-se também um grande opositor da administração Bush e foi frequentemente ouvido fazendo declarações como "O presidente Bush está pondo em perigo a nossa segurança, prejudicando os nossos interesses vitais e minando os valores americanos".

Isso lhe rendeu o ódio da direita americana – e provavelmente explica alguns dos rumores mais selvagens sobre ele. Na verdade, Soros tornou-se tão demonizado pela direita e tão odiado pela mídia, como a Fox News, que seu apoio a Obama foi muito silencioso. Ele disse que isso aconteceu porque Obama queria ser um unificador – e Soros reconheceu que ele era uma figura polêmica. Mesmo agora, raramente está fora do noticiário, seja fazendo seus pronunciamentos de marca registrada sobre condenação ou financiando causas progressistas. Ele está em 35º na lista da *Forbes* (2010) de bilionários do mundo, com bons catorze bilhões de dólares em seu nome. Na verdade, apesar de todo o alvoroço sobre os novos e ricos gestores de fundos na última década, Soros continua a ser o mais rico de todos e adicionou mais um bilhão à sua riqueza em 2009.

Estranhamente, no fim das contas, Soros pode acabar com algum do reconhecimento intelectual que deseja. Há muito tempo ele é uma espécie de profeta da desgraça, mas o seu último trabalho, *O novo paradigma para os mercados financeiros – a crise financeira de 2008 e o seu significado*, publicado no ano da crise, foi um best-seller e lhe valeu um convite para testemunhar perante o Congresso. Dito isso, a maioria vai se lembrar dele como um dos maiores especuladores de todos os tempos e um homem que tinha uma premonição incrível pelos mercados. Ele também será lembrado como um filantropo e ativista e, é claro, no Reino Unido, como o homem que quebrou o tesouro inglês, algo que ele vê como uma tragédia. Sua atuação na filosofia, infelizmente, permanecerá quase certamente como uma nota de rodapé interessante.

REFERÊNCIAS E LEITURAS ADICIONAIS

BATES, Daniel. "Billionaire financier George Soros hands $100m gift to U.S. human rights group", *Daily Mail*, 8 set. 2010.
CLARK, Neil. "The billionaire trader has become Eastern Europe's uncrowned king and the prophet of 'the open society'. But open to what?", *New Statesman*, 2 jun. 2003.
DEUTSCHMAN, Alan. "George Soros", *Salon*, 27 mar. 2001.
ELLIS, Charles D. *Wall Street People*. Hoboken, NJ.: Wiley, 2001, v. 2.
FORBES. *The World's Billionaires*, 10 mar. 2010.
FREELAND, Chrystia. "The credit crunch according to Soros", *Financial Times*, 30 jan. 2009.
PBS. *Bill Moyers Journal*, 10 out. 2008.
RIEFF, David. "The Soros touch", *Observer*, 16 jan. 1994.
SLATER, Robert. *Soros: The Life, Ideas, and Impact of the World's Most Influential Investor*, 2009.
SOROS, George. *The New Paradigon for Financial Markets: The Credit Crisis of 2008 and What It Means*. Nova York: Public Affairs, 2008.
STEINER, Rupert. "Last mission of the man who broke the bank", *Sunday Times*, 15 abr. 2001.
SPECTATOR. "Bill Gates is just a figurehead, I am actively engaged", 15 jul. 2006.
SYLVESTER, Rachel; THOMSON, Alice (2009). "The man who broke the bank says that we're facing global meltdown", *Times*, 28 de março.
THOMPSON, Susan. "Business big shot: George Soros", *Times*, 22 jan. 2008.
TYLER, Christian. "Private view: the man who broke the Bank of England", *Financial Times*, 2 jan. 1993.

28
AKIO MORITA

No final da década que viu o iPod varrer do mapa tudo que veio antes dele, e se tornar tão popular que é mais comum dizer iPod do que MP3 player, vale a pena lembrar que já vimos essa história acontecer. Em 1979, a Sony lançou o Walkman, que foi o primeiro reprodutor portátil de cassetes estéreo do mundo. O Walkman foi uma sensação e mudou a forma como ouvimos música. Tal como o iPod, ele dominou totalmente o seu mercado e, em todos os sentidos, foi o antecessor do aparelho.

Foi também uma indicação do enorme poder global da gigante eletrônica japonesa Sony, que, na década de 1980 (como hoje), era uma fabricante de eletrônicos de consumo que tinha como alvo o segmento superior do mercado de massa. Hoje em dia, é claro, a Sony é uma das melhores empresas produzindo produtos eletrônicos de consumo, mas o seu mercado é um mercado maduro e há muitos concorrentes que fazem produtos semelhantes. Porém, na década de 1980, ela era muito mais. A empresa e seu icônico cofundador Akio Morita também foram símbolos do sucesso econômico do pós-guerra japonês, do seu compromisso com a qualidade e a ameaça econômica que esses pareciam representar para os Estados Unidos. Na verdade, se você substituir a

China pelo Japão e o iPod pelo Walkman, 2010 e 1980 não parecem tão distantes.

Enquanto Morita personificou a economia japonesa do pós-guerra para muitos fora do Japão, ele também foi uma espécie de rebelde dentro do país, uma nação profundamente conformista que deu ao mundo a expressão "O prego que se destaca é martelado para baixo". Morita, muitas vezes, nadou contra a corrente e desafiou a sabedoria convencional. Ele também foi um dos internacionalistas mais entusiastas do Japão. Por essa razão, em seu apogeu, era quase certamente o homem de negócios mais conhecido do país – e, provavelmente, o único que a maioria das pessoas no mundo inteiro teria reconhecido.

Morita nasceu em 1921 em Nagoya, região central do Japão. Seus pais eram ricos, e ele era o herdeiro de uma dinastia de fabricação de saquê que traçava suas raízes até o século XVI. Como era o primeiro filho, presumiu-se que ele iria trabalhar para a empresada família, mas a riqueza de seus pais funcionava contra o seu destino. Quando criança, ele ficou fascinado com o fonógrafo importado que eles possuíam – um dos primeiros do Japão. Ele começou a construir seus próprios dispositivos eletrônicos, incluindo um receptor de rádio e outro fonógrafo de sua própria criação. Isso o levou a estudar física na Universidade de Osaka, em vez de economia, como seu pai esperava. Na Segunda Guerra Mundial, serviu na marinha japonesa num grupo de pesquisa cuja missão era ser "pensadores originais e audaciosos". Enquanto trabalhava com armas, conheceu Masaru Ibuka, um engenheiro, treze anos mais velho do que ele, que se tornaria o gênio técnico por detrás da Sony. Ibuka também ajudaria a persuadir o pai de Morita a permitir-lhe seguir uma carreira na eletrônica, em vez do ramo do saquê.

Em 1946, em uma Tóquio devastada pela Segunda Guerra Mundial, Morita e Ibuka fundaram uma empresa chamada Tokyo Tsushin Kogyo (Corporação de Engenharia de Telecomunicações de Tóquio); a maior parte do capital inicial de quinhentos dólares veio da família Morita. A dupla, então com 25 e 38 anos, instalou-se numa loja de departamentos danificada por bombas, com vinte funcionários, visando um negócio em que a competência técnica e a inovação fossem celebradas e incentivadas. Os recursos eram escassos no Japão pós-guerra, e o par teve de improvisar. O celofane – em vez de plástico mais forte – era usado como fita, e o pó magnético original que segurava o gravador era cozinhado em uma frigideira. O gravador de fitas foi posto à venda em 1950 sem qualquer interesse real. Só quando Morita mostrou aos estenógrafos da corte como poderia ser útil que o aparelho começou a vender. Isso, disse Morita, lhe ensinou uma lição valiosa sobre a necessidade de criar mercados para novos produtos cujos usos podem não ser imediatamente aparentes.

O próximo produto da empresa foi aquele que faria o seu nome e fortuna. O transistor havia sido desenvolvido pelos Laboratórios Bell nos Estados Unidos, e, em 1952, Morita comprou os direitos de licenciamento por 25 mil dólares, apesar da considerável resistência do poderoso Ministério do Comércio Internacional e Indústria (MITI) do Japão. Essa decisão foi provavelmente a maior que ele tomou, até porque as aplicações do transistor eram consideradas muito limitadas na época. Em 1955, a empresa produziu o primeiro rádio transistor comercial. Em 1957, produziu o primeiro rádio transistor de bolso do mundo. Na verdade, a reivindicação de modelo tamanho de bolso era um pouco exagerada – a empresa teve de conceder camisas com bolsos grandes para que os rádios encaixassem. Com o sucesso do rádio, as inovações realmente começaram. Em 1960, a empresa desenvolveu a primeira TV totalmente transistorizada do mundo e, em 1967, a TV a cores Trinitron. A tecnologia da TV foi desenvolvida para não infringir patentes restritivas dos EUA, mas resultou em uma imagem mais nítida que lhe deu vantagem. Trinitrons seriam televisões desejáveis durante décadas.

A empresa não estava inovando apenas em termos de produtos. No Japão insular do pós-guerra, ela também olhava para fora. Em 1958, foi tomada a decisão de mudar o nome da empresa, que já era bem conhecido no país. Isso não caiu bem com os consumidores japoneses, mas Morita defendeu a decisão, dizendo que isso era necessário porque a empresa tinha seus olhos em outros mercados e precisava de um nome que não fosse difícil para os estrangeiros. Sony foi escolhido (do latim *sonus*) como algo fácil de pronunciar e lembrar. Em 1960, a empresa fundou a Sony Corporation of America. Num Japão ainda muito conservador, Morita era um internacionalista cosmopolita. Em 1961, a Sony tornou-se a primeira empresa japonesa a oferecer certificados de depósito de ações dos EUA, o que permitiu angariar capital para além do Japão.

Em 1963, Morita foi ainda melhor, mudando-se para Nova York com sua família por um ano, a fim de obter uma melhor compreensão de como os americanos viviam e trabalhavam. Em 1966, escreveu um livro chamado *Never mind school records* ("Esqueçam os boletins escolares", em tradução livre), que desafiava as práticas de emprego japonesas, dizendo que as empresas deveriam se concentrar nas habilidades dos funcionários, não nas suas qualificações; isso causou uma grande agitação. No início da década de 1970, a Sony construiu uma fábrica nos Estados Unidos e, mais tarde, chegou a ter diretores ocidentais em seu conselho de administração. O próprio Morita socializava com empresários americanos e, novamente uma raridade na época, falava um inglês muito bom.

O impressionante histórico de inovação da empresa continuou, embora tenha tomado uma decisão notavelmente ruim no final da década de 1970: a Sony tinha desenvolvido gravadores de vídeo em 1965, apesar de não ter lançado o seu Betamax para uso doméstico até 1975; todavia, recusou-se a licenciar a tecnologia a outros. Isso levou um grupo de outras empresas japonesas a desenvolver a VHS, que acabou por levar ao esquecimento o Betamax, um sistema que muitos pensavam ser tecnicamente superior. No entanto, a empresa logo se recuperou. Em 1979, ela desenvolveu o que era indiscutivelmente o seu produto mais emblemático – o Walkman. Novamente, muitos duvidaram, enquanto Morita apostava no aparelho. A Sony produziu uma aparelhagem que lhe permitiu se fechar para o mundo onde quer que estivesse, o que foi perfeito para essa década egoísta – 230 milhões de unidades foram vendidas.

Nos anos 1980, a Sony tinha fábricas em todo o mundo. Nos primeiros anos dessa década, a empresa, em conjunto com a Philips, desenvolveu o CD, que, em 1990, já havia assinado a sentença de morte do LP. O uso do CD foi mais tarde expandido como um meio gravável para computadores. A Sony lançou a primeira câmera de vídeo de consumo. No final da década, fez o que foi amplamente visto como um erro quando comprou a Columbia e a Tri-Star Pictures (pensava-se que teria pago demais). No entanto, ela tornou-se uma das maiores empresas discográficas do mundo. As inovações também continuaram – foi parte do Consórcio DVD, que inventou o MiniDisc (que era popular na Ásia, mas nunca foi abraçado plenamente pelo Ocidente), e o primeiro PlayStation apareceu. Por muitas medidas, durante a maior parte da década de 1990, a Sony foi a marca mais conhecida nos Estados Unidos.

Mas a década de 1990 seria o fim da linha para Morita. No final dos anos 1960, e com um legado espantoso atrás de si, ele foi finalmente abraçado pelo *establishment* industrial japonês, com o qual sempre teve uma relação bastante turbulenta. Ele foi escolhido para se tornar presidente do Keidanren, a organização empresarial mais influente do país, mas, em 1993, durante um jogo de tênis, sofreu uma hemorragia cerebral. Em 1994, quando a Sony anunciou seu fracasso em Hollywood, ele renunciou ao cargo de presidente. Apesar da reabilitação, o seu estado piorou e, em 1999, morreu com 78 anos de pneumonia, num hospital de Tóquio. Pouco antes da sua morte, a revista *Time* listou-o como um dos mais influentes gênios de negócios do século XX. O antigo presidente da empresa, Nobuyuki Idei, disse: "Não é exagero dizer que ele era o rosto do Japão".

Esse talvez fosse o aspecto mais contraditório de Morita. Muitos no Japão já tinham sugerido que ele poderia ser mais feliz no Ocidente do que em seu próprio país. Ele parecia tão pouco japonês. Em um país onde, mesmo agora, a ostentação é desaprovada, ele tinha um jato corporativo e um helicóptero, era um ávido esportista, andava com celebridades e apareceu em um anúncio da Amex. Ele teve a temeridade de criticar a cultura empresarial japonesa, dizendo que era muito insular. Até pediu ao seu país para abrir o mercado de arroz.

Curiosamente, seu filho disse que tudo isso era essencialmente uma fachada, e outros sugeriram que ele estava profundamente desconfortável em ser o rosto do Japão para os estrangeiros. Esse "ato", como foi sugerido, era uma reação aos efeitos psicológicos e ao complexo de inferioridade nacional que uma geração de japoneses sofreu depois de perder a Segunda Guerra Mundial. Seja como for, os estrangeiros certamente gostaram: eles compraram produtos da sony o suficiente para torná-la um gigante global, e as atividades internacionais de Morita trouxeram-lhe reconhecimento internacional. Ele recebeu a Medalha Albert, da Royal Society of Arts no Reino Unido, a Ordem Nacional de Legião da Honra francesa e vários outros prêmios de dezenas de países.

REFERÊNCIAS E LEITURAS ADICIONAIS

ECONOMIST. "Guru: Akio Morita", 16 nov. 2008.
FINANCIAL TIMES. "Obituary", 4 out. 1999.
GUARDIAN. "Akio Morita – The man who gave the world the Sony Walkman", 5 out. 2009.
NAHAN, John. "Asian millennium – Akio Morita 1921-1999", *Far Eastern Economic Review*, 25 nov. 1999.
NEW STRAITS TIMES. "Akio Morita", 10 set. 2000.
POLLACK, Andrew. "Obituary", *New York Times*, 4 out. 1999.
PURCELL, William. "Sony founder led electronic revolution", *Australian*, 5 out. 1999.
SONY, Biografia, História. Disponível em: www.sony.com.
TIMES. "Obituary", 4 out. 1999.
TSURUOKA, Doug. "Akio Morita made Sony shine", *Investor's Business Daily*, 23 set. 2009.

Fontes gerais

BBC
Businessweek
Economist
Financial Times
Forbes
Fortune (especialmente a lista dos ricos e bilionários)
Guardian
New York Times Observer
Sunday Telegraph
Sunday Times
Telegraph
Time
Times
Wall Street Journal
Wikipedia